Les droits de la personne et les enjeux de la médecine moderne

Les droits de la personne et les enjeux de la médecine moderne

Textes présentés par
Lucie Lamarche et Pierre Bosset

LES PRESSES DE L'UNIVERSITÉ LAVAL
Sainte-Foy, 1996

Les Presses de l'Université Laval reçoivent chaque année du Conseil des Arts du Canada et de la Société de développement des entreprises culturelles du Québec une aide financière pour l'ensemble de leur programme de publications.

Données de catalogage avant publication (Canada)

Vedette principale au titre :

Les droits de la personne et les enjeux de la médecine moderne

Textes présentés lors d'un colloque organisé par la Commission des droits de la personne et des droits de la jeunesse, le Département des sciences juridiques de l'UQAM et la Société québécoise de droit international, tenu à Montréal le 8 déc. 1995.

Comprend des réf. bibliogr.

ISBN 2-7637-7481-4

1. Médecine - Droit Congrès. 2. Droits de l'homme - Congrès. 3. Malades - Droit - Congrès. 4. Génétique médicale - Congrès. 5. Droit à la santé - Congrès. 6. Droit à la mort - Congrès. I. Lamarche, Lucie. II. Bosset, Pierre, 1958-   . III. Commission des droits de la personne et des droits de la jeunesse du Québec. IV. Université du Québec à Montréal. Département des sciences juridiques. V. Société québécoise de droit international.

K3601.A55 1995   344.041   C96-940928-1

Les responsables de cette édition tiennent à remercier le Comité des publications de l'Université du Québec à Montréal pour sa contribution financière à la publication de cet ouvrage.

Illustration de la couverture : *La leçon d'anatomie du docteur Tulp*, de Rembrandt (1632). La Haye, musée royal Mauritshuis.

Distribution de livres UNIVERS
845, rue Marie-Victorin
Saint-Nicolas (Québec)
Canada G0S 3L0
Tél. (418) 831-7474 ou 1 800 859-7474
Téléc. (418) 831-4021

Table des matières

Avant-propos

Pierre Bosset[1]

Dans les champs de la médecine et de la recherche, médicale et génétique, l'actualité ne cesse de soulever des questions d'un intérêt capital, d'ordre éthique aussi bien que social. Toutes ces questions renvoient à des problèmes de droits de la personne : car la médecine, la génétique, et même la gestion des ressources de santé touchent intimement la vie, la dignité et l'intégrité de l'être humain.

C'est donc dans la perspective des droits de la personne que s'inscrivent les textes colligés dans ce recueil, qui réunit des communications présentées lors d'un colloque organisé conjointement par la Commission des droits de la personne et des droits de la jeunesse, le Département des sciences juridiques de l'UQAM et la Société québécoise de droit international[2].

Comme ceux qui l'ont précédé[3], ce colloque réunissait autour d'une même problématique militants, universitaires et intervenants professionnels, c'est-à-dire des personnes qui, malgré la similitude de leurs champs d'intérêts, ont peu souvent l'occasion de confronter leurs points de vue en commun sous l'angle, rassembleur, des droits de la personne. Ces rencontres, tenues chaque année pour commémorer l'adoption de la *Déclaration universelle des droits de l'Homme*[4], visent ainsi à susciter une réflexion féconde autour de problématiques souvent abordées dans une perspective compartimentée ou technique.

---

1. L'auteur est avocat à la Commission des droits de la personne et de la jeunesse.

2. *Les droits de la personne et les enjeux de la médecine moderne*, colloque conjoint, Montréal, 8 décembre 1995.

3. Un précédent colloque, tenu en 1993, était consacré à *L'actualité de la Déclaration universelle des droits de l'Homme*. Un deuxième, tenu en 1994, portait sur *L'adaptation à la diversité et le droit à la différence*.

4. Assemblée générale des Nations unies, résolution 217 (III) du 10 décembre 1948, Doc. N.U. A/810, p. 71 (1948). L'Assemblée générale a proclamé le 10 décembre « Journée internationale des droits de l'Homme » par sa résolution 423 (V) du 4 décembre 1950.

Aborder les enjeux de la médecine moderne en termes de droits de la personne, c'est se trouver face à un paradoxe : celui d'une médecine dont les frontières techniques et scientifiques ne cessent de reculer, en même temps que se resserrent les contraintes bureaucratiques et financières imposées au milieu de la santé. Si le premier phénomène soulève des questions sur le plan éthique, on commence à ressentir les effets délétères du second sur le plan social. Dans l'un et l'autre cas, les droits de la personne sont en cause. Objet d'une intense activité normative sur le plan international, le droit à la santé[5] n'est que l'un des enjeux soulevés ici. Comme le démontrent les textes présentés dans ce recueil en effet, l'évolution de la médecine, comme pratique sociale et discipline scientifique, pose aussi des questions sous l'angle de la dignité humaine[6], de la confidentialité[7], de l'égalité des citoyens[8] et de la participation aux progrès scientifiques et aux bénéfices qui en découlent[9]. La médecine moderne se présente, en somme, comme un lieu-carrefour, où convergent des préoccupations qui s'opposent à une logique exclusivement technique, marchande ou bureaucratique.

Chacun à leur façon, les textes présentés ici illustrent le rôle que peuvent jouer les droits de la personne, en matière médicale, dans la nécessaire « médiation entre l'éthique, le juridique et le politique » (M. Delmas-Marty)[10].

Sonia Le Bris montre d'abord la grande diversité des normes qui encadrent l'activité médicale sur le plan international. Qu'elles soient établies par des organisations intergouvernementales ou privées, ces normes mettent de l'avant un certain nombre de principes cardinaux (tels que le respect de la dignité humaine, l'accessibilité des services et des soins, et la sauvegarde de la vie privée) susceptibles de guider la pratique médicale et la recherche scientifique. D'une juridicité variable, ces principes sont certes relativisés du fait de leur inscription dans un droit international qui demeure fondé sur la souveraineté des États. Pourtant, le caractère volontaire et consensuel du droit international de la santé, rappelle l'auteur, est aussi un élément de force. De nombreux textes, en effet, bien que dénués de valeur juridique en soi, ont un pouvoir d'incitation à l'action qui leur est propre et qui dépasse celui des traités

---

5. *Déclaration universelle*, art. 25 ; *Pacte international relatif aux droits économiques, sociaux et culturels* (1966), art. 12. Pour une analyse d'ensemble du concept de droit à la santé : Académie de droit international de La Haye, *Le droit à la santé en tant que droit de l'homme* (sous la dir. de R.-J. Dupuy ; Alphen, Sijthoff, 1979).

6. *Déclaration universelle*, préambule et art. 1er.

7. *Id.*, art. 12.

8. *Id.*, art. 2.

9. *Id.*, art. 27.

10. « Un nouvel usage des droits de l'homme », dans *Éthique médicale et droits de l'homme*, Paris, Actes Sud, 1988, p. 315.

et des conventions. Le droit international de la santé, dont l'exposé de Mme Le Bris permet d'entrevoir toute la richesse, vise ainsi l'établissement d'une « normativité internationale cadre, souple et élastique » permettant un interface plus harmonieux entre la médecine moderne et les droits de la personne.

Enjeu important des bouleversements que connaît actuellement le système de santé québécois, l'accès aux soins de santé est abordé par Patrick Molinari sous l'angle de l'exclusion. L'intersection de deux logiques, celle (positiviste) du droit individuel d'accès aux soins et celle de l'organisation d'un système de soins qui doit rendre ceux-ci accessibles (mais en le faisant dans une perspective collective) est ici évidente. Des préoccupations d'équité peuvent ainsi conduire à des choix empêchant certains citoyens d'avoir accès à des soins requis par leur état, à l'encontre du principe – ou de l'idéal – d'un système universel, gratuit et accessible. L'allocation des ressources n'est pourtant pas à l'abri d'un examen fondé sur les chartes des droits : on n'a pas hésité dans le passé en effet, en passant par les tribunaux, à forcer l'État à allouer des ressources supplémentaires dans un secteur donné. Outre la démonstration d'un lien causal entre la décision budgétaire et la violation d'un droit fondamental, cette éventualité suppose cependant un débat sous l'angle des clauses de justification contenues dans ces chartes, puisque la justification ultime du rationnement des soins de santé repose précisément, rappelle l'auteur, sur une analyse sociale de la pertinence et de l'opportunité des choix faits par l'État.

L'autonomie de la personne est le thème retenu par Denise Tremblay, qui, à partir d'une analyse de certaines décisions de nos tribunaux, met en lumière les problèmes que posent les « décisions de fin de vie ». Respectée en matière de refus et de cessation de traitement, cette autonomie cède le pas au caractère sacré de la vie, nous dit la Cour suprême, lorsqu'un malade veut devancer le moment de sa mort au moyen de l'intervention active d'un tiers. Tout en faisant ressortir les points de convergence et de divergence de la jurisprudence à cet égard, l'auteure remet en question la distinction ainsi faite par les tribunaux entre le fait de « laisser mourir » une personne d'une mort dite naturelle et l'action de la « faire mourir ». L'autonomie de la personne, élément d'un droit plus large au respect de son intégrité, de sa sécurité et de sa liberté, ne commande-t-elle pas une plus grande déférence pour son choix librement exprimé ? Et une société responsable peut-elle ignorer, en ne l'encadrant pas au moyen de paramètres précis, une pratique d'aide à la mort dont chacun sait qu'elle s'exerce actuellement sans aucune forme de contrôle ?

L'usage d'informations médicales ou scientifiques hors du cadre de la relation clinique fait l'objet des textes suivants, où il est abordé sous divers angles faisant ressortir l'importance des enjeux en présence et l'ampleur des défis posés par le progrès des connaissances et la diffusion sans cesse croissante des renseignements relatifs à la santé d'une personne.

L'état de santé tend notamment à devenir l'un des critères sur lesquels se fondent les décisions d'embauche ou de maintien en emploi d'une personne, sans égard à sa capacité d'accomplir son travail. Favorisée par un contexte économique dans lequel la demande d'emplois dépasse l'offre, cette tendance tombe, peut-on croire, sous le coup de la prohibition de la discrimination fondée sur le handicap, consacrée dans les chartes des droits. Comme le fait remarquer Daniel Carpentier cependant, la notion de « handicap » donne lieu à des interprétations judiciaires peu cohérentes, même au sein des tribunaux chargés d'examiner les plaintes de discrimination. L'inclusion de l'état de santé d'une personne dans la notion de handicap serait à souhaiter, si on veut éviter que l'accès à un emploi dépende de facteurs non pertinents, comme le fait de ne pas être porteur (même asymptomatique) d'une maladie, ou de ne pas présenter de « risque » sur le plan génétique.

Mal exploitée, la connaissance génétique peut en effet avoir des conséquences sur le plan social, rappellent Bartha Knoppers et Claude M. Laberge. La tendance de la science étant, pour reprendre leurs termes, d'appliquer d'abord et de comprendre ensuite, il faut être conscient des risques de stigmatisation sociale, de discrimination et de commercialisation inhérents aux progrès de la connaissance génétique. Mais rien dans la connaissance génétique en soi ne va à l'encontre des droits fondamentaux de la personne, soutiennent-ils. Par son universalité et l'illustration de l'unicité génétique de chaque individu, le paradigme génétique peut même contribuer à une démonstration « extra-ethnique, extra-religieuse et extra-culturelle » du fondement biologique des droits de la personne. Cela exige cependant une appropriation sociale de la connaissance génétique. L'intégration de la génétique dans la culture générale passe en somme par la reconnaissance de certains devoirs sociaux, dont la mutualité, la réciprocité et la solidarité.

Diane Demers analyse pour sa part les problèmes que pose la gestion de l'information médicale du point de vue des droits fondamentaux. Le « dossier de santé » d'une personne est aujourd'hui constitué d'un ensemble de données de nature et de provenances diverses ; il intéresse aussi bien les intervenants professionnels que les administrateurs du système de santé, qui y accéderont pour des fins de contrôle et de surveillance des intérêts de l'État. Dans bien des cas, des tiers (employeurs, assureurs) y trouveront aussi un intérêt direct. La gestion informatisée de ces dossiers accroît évidemment les possibilités d'accès à de tels renseignements. Non balisée, la diffusion de l'information médicale comporte donc des risques pour la vie privée des citoyens, de même que pour la sauvegarde de leur dignité ou de leur réputation. Le secret professionnel, et surtout l'obligation de confidentialité incombant à l'ensemble des intervenants du secteur de la santé, apparaissent ici comme des moyens privilégiés de protéger les droits des citoyens.

Citoyens : tel est bien, au fond, le mot-clé du présent recueil. Nicole De Sève, dans une brève synthèse, rappelle d'ailleurs qu'avant d'être un malade ou un justiciable, un juriste ou une professionnelle de la santé, l'on appartient d'abord à une citoyenneté responsable, respectueuse des droits et capable de se mobiliser pour eux. Dans cette perspective, l'éducation aux droits demeure capitale : elle seule, en effet, peut faire jaillir l'étincelle de la responsabilité et rappeler aux institutions, médicales aussi bien que juridiques, que la personne humaine demeure leur raison d'être.

Outre le soussigné, le Comité d'organisation du colloque ayant donné lieu à ce recueil était composé de Me Lucie Lamarche (Département des sciences juridiques de l'UQAM), de Me Carol Hilling (Société québécoise de droit international) et de Me Denise Tremblay. Me Frédérique Poirier et Mme Danielle Robichaud ont apporté une contribution inestimable à l'organisation du colloque. Le Comité d'organisation tient par ailleurs à souligner la participation du professeur Pierre Deschamps, de l'Institut de droit comparé de l'Université McGill, dont la communication portant sur le respect de la personne inapte en milieu hospitalier n'a malheureusement pu être consignée par écrit.

Les organisations internationales et la médecine moderne : promotion ou protection des droits de la personne[1] ?

Sonia Le Bris[2]

INTRODUCTION

« *Jamais les liens entre la science et le droit n'ont été aussi étroits. Il est vrai que les progrès de la démocratie passent par une meilleure compréhension par l'opinion des changements technologiques qui conditionnent la vie de chacun. À défaut d'une telle compréhension, bien des dérapages sont possibles. D'un côté, des freins inconsidérés peuvent entraver la marche du progrès ; de l'autre côté, des pratiques dangereuses pour la santé de l'homme ou ses libertés peuvent se trouver banaliser* »[3]. Cette quête d'équilibre entre progrès scientifique et droits de la personne est sans nul doute devenue l'un des leitmotivs qui, de manière redondante et constante, se penche, comme une bonne – ou mauvaise ? – fée, sur le berceau de toute nouvelle découverte ou application médicale.

Sommes nous donc aussi désarmés que d'aucuns veulent bien le laisser croire face à « l'impératif technologique » d'une part, au « pouvoir médical » d'autre part ? Loin s'en faut. Une réappropriation de la philosophie des droits de la personne doublée d'un plus grand investissement des organes décisionnels internationaux et nationaux, à défaut de régler tous les problèmes, permettraient, en tout état de cause, de renouveler les responsabilités et de sensibiliser les individus quant aux véritables enjeux générés par les

1. L'auteur tient à remercier Madame Julie Montreuil pour sa précieuse contribution durant la recherche documentaire relative à cette étude.

2. Chercheur adjoint, Centre de recherche en droit public, Faculté de droit, Université de Montréal. Chercheur associé, Institut interuniversitaire de recherche sur les populations (IREP).

3. N. Lenoir, « Les états et le droit de la bioéthique » (1995) 31 (2) *Revue de droit sanitaire et social* 257, p. 274.

développements scientifiques et cliniques[4]. Traditionnellement, l'examen des différents paliers de protection des droits de la personne révèle que ceux-ci sont au nombre trois. Le premier, considéré comme l'assise essentielle des droits de la personne est national. Le second, en pleine expansion eu égard au phénomène d'intégration régionale, est le niveau régional. Le dernier, le niveau international, à la fois supra étatique et supra régional a connu un essor constant aux lendemains de la seconde guerre mondiale.

L'approche du double cinquantenaire du *Code de Nuremberg*[5] d'une part, de la *Déclaration Universelle des droits de l'Homme*[6] d'autre part, constitue à cet égard un virage important qu'il convient de ne pas manquer. En effet, s'il est constant que de tels textes, de portée nécessairement universelle, ne peuvent jamais être exhaustifs et définitifs, ils n'en sont pas moins un fil d'Ariane indispensable dans le labyrinthe des fulgurants progrès de la médecine au cours de cette seconde partie du vingtième siècle. Fil d'Ariane accompagné de balises et de points de repères toujours plus nombreux et précis puisque, parallèlement à ces deux instruments cardinaux, une myriade de textes d'origine et de portée diverses ont vu le jour au cours des deux dernières décennies. En dresser l'inventaire s'avère un exercice de longue haleine. Nous nous contenterons, quant à nous, de dresser un aperçu rapide et nécessairement parcellaire de cet activisme international dans le domaine de la santé. Pour ce faire, en adoptant une approche essentiellement fonctionnelle et catégorielle du droit international de la santé[7], nous commencerons par démontrer l'importance et la variété des organisations internationales qui ont été ou sont amenées à énoncer des normes (I), lesquelles tendent à affirmer un certain nombre de principes et de droits fondamentaux (II). Nous démontrerons néanmoins qu'eu égard à la portée juridique fort relative de la plupart des textes adoptés, les droits de la personne dans le domaine de la médecine demeurent largement proclamatoires (III).

I. UNE MULTIPLICITÉ D'ORGANISATIONS INTERNATIONALES

De nombreuses organisations internationales sont impliquées directement ou indirectement dans l'élaboration de la normativité internationale en matière de santé en général, en relation avec le développement scientifique et

---

4. Pour une étude générale sur les enjeux des droits de l'homme dans le domaine du développement scientifique et technologique voir : C. G. Weeramantry, *Human Rights and Scientific and Technological Developement*, Tokyo, United Nations University Press, 1990.

5. Le Tribunal de Nuremberg dans son jugement des 19 et 20 août 1947 détermina dix règles rendant possibles les expérimentations médicales. Ces dix règles sont communément dénommées le Code de Nuremberg. Voir sur ce point, C. Ambroselli, *L'éthique médicale*, Coll. Que sais-je ?, P.U.F, n° 2422, 1988, pp. 103-107.

6. *Déclaration Universelle des Droits de l'Homme*, A.G. Rés. 217 A(III), Doc.Off. A.G. 3ᵉ session, p.71, Doc. N.U. A/810 (1948), [ci-après *Déclaration universelle*]

médical en particulier. Ainsi, le droit international de la santé est-il élaboré, interprété voire appliqué tant par des organisations intergouvernementales (1) que par des organisations non gouvernementales (2) de nature et de finalité variées.

1. Les organisations intergouvernementales

Les organisations intergouvernementales (OIG) jouent un rôle moteur dans l'élaboration du corpus juridique international. Le domaine de la santé, du développement scientifique et médical n'y échappe pas. Outre les OIG universelles, en ce sens que leur champ de compétence est réellement supra étatique, de nombreuses OIG, dont le rôle tend parfois à prendre de l'ampleur, se situent plutôt au niveau régional mais participent au droit international de la santé du fait des liens très étroits qu'elles entretiennent avec les OIG universelles.

Les organisations intergouvernementales universelles

L'Organisation des Nations-Unies (ONU), par l'adoption de la *Déclaration universelle des droits de l'Homme* constitue sans nul doute la première OIG dont le rôle a été primordial dans le domaine des droits de la personne confrontée à la médecine. En effet, prenant en considération les atrocités de la seconde guerre mondiale et les révélations du *Procès de Nuremberg*, l'ONU n'hésita pas, d'une part à affirmer le principe du respect de la dignité humaine[8] et d'autre part à ériger au titre des droits fondamentaux, l'interdiction des traitements inhumains et dégradants[9], le droit à la vie, à la liberté et à la sécurité de la personne[10], le droit aux soins médicaux et aux services sociaux[11] ainsi que le droit de bénéficier des progrès scientifiques et de leurs applications[12].

---

7. Deux approches sont traditionnellement proposées pour tenter de mieux appréhender le droit international dans sa diversité et sa complexité. La première dite verticale, tente d'appréhender le droit international de la santé en fonction des règles juridiques adoptées par l'organisation censée agir à titre principal en matière de santé. À ce titre, elle favorise une orientation organisationnelle et finalisée du droit international de la santé. La seconde approche, dite horizontale, appréhende le droit international de la santé dans son ensemble et favorise une orientation fonctionnelle et catégorielle. Dans les faits cependant, le droit international de la santé n'est pas unidimensionnel mais intègre l'ensemble de ces différentes orientations. Pour une discussion sur les différentes approches du droit international de la santé, voir : M. Bélanger, « Réflexions sur la réalité du droit international de la santé » (1985) 2 *Revue québécoise de droit international* 19, aux pages 22-23.

8. *Déclaration universelle, supra*, note 4, 1er considérant du préambule ; L'article 1 reconnaît par ailleurs une égalité de tous les êtres humains en dignité.

9. *Ibid.*, art. 5.

10. *Ibid*, art.3.

11. *Ibid.*, art. 25.1.

12. *Ibid.*, art. 27.

Cet effort pour la promotion des droits de la personne de la part des Nations-Unies ne s'est, depuis lors, jamais démenti comme en atteste la *Déclaration sur le progrès et le développement dans le domaine social*[13] du 11 décembre 1969 et plus récemment la *Déclaration de Vienne* qui énonce : « *Chacun a le droit de jouir des fruits du progrès scientifique et de ses applications. Notant que certaines avancées, notamment dans les sciences biomédicales et les sciences de la vie ainsi que dans les techniques de l'information, peuvent avoir des conséquences néfastes pour l'intégrité, la dignité de l'individu et l'exercice de ses droits, la Conférence appelle les États à coopérer de manière à veiller à ce que les droits et la dignité de la personne soient pleinement respectés dans ce domaine d'intérêt universel* »[14]. Par ailleurs, à travers sa Commission des droits de l'homme, l'ONU est amenée à prendre régulièrement position dans le domaine de la santé comme en atteste par exemple, la *Résolution 1993/91 sur les droits de l'homme et la bioéthique*[15].

Par ailleurs, dans le cadre de son pouvoir de délégation, l'ONU a institué l'Organisation Mondiale de la Santé (OMS) dont le rôle constitutionnel principal est d'agir, en tant qu'autorité directe et coordonatrice, des travaux ayant un caractère international, dans le domaine de la santé[16]. À cet égard les positions et politiques de l'OMS sont formulées par ses deux organes directeurs, d'une part le Conseil exécutif et d'autre part l'Assemblée Mondiale de la Santé. Cette dernière est dotée du pouvoir d'adopter des conventions et des règlements tout autant que des résolutions portant recommandations spécifiques à l'intention des États parties.

L'OMS, d'archéologie interne assez complexe, a joué durant les années '70 et suivantes un rôle particulièrement important notamment à travers son objectif de santé pour tous en l'an 2000[17]. D'orientation résolument tiers-

---

13. *Déclaration sur le progrès et le développement dans le domaine social*, A.G. Rés. 2542 (XXIV), Doc. off. A.G., 24e session, supp. n° 30, p. 51, Doc. N.U. A/7630 (1969), [ci-après Déclaration 2542].

14. Conférence mondiale sur les droits de l'homme, « Déclaration et programme d'action adoptés le 25 juin 1993 à Vienne », paragraphe II, al. 3 citée dans Actes 1995, Comité international de bioéthique de l'UNESCO, Paris, UNESCO, vol. 1., 1995, p. 6.

15. Commission des droits de l'homme des Nations unies, 49e session, 1993, Résolution 1993/91 qui reconnaît dans son préambule, « la nécessité d'une coopération internationale pour que l'humanité toute entière bénéficie de l'apport des sciences de la vie et pour prévenir toute utilisation de celles-ci à d'autres fins que son bien. » cité dans Actes 95, Comité international de bioéthique, supra, note 11, p.6.

16. *Constitution de l'Organisation Mondiale de la Santé*, (1948) 14 R.T.N.U. 204, art. 2 a), [ci-après *Constitution de l'OMS*]. J.-S. Cayla, « L'organisation mondiale de la santé et la défense des droits de l'homme » (1982) R.D.S.S. 236. S. Fluss, « Le rôle des instances internationales » (1990) 1 (1) *Journal International de Bioéthique* 61, p. 62.

17. En 1977, dans le cadre de la Résolution WHA 30.43, l'Assemblée mondiale de la santé décide d'atteindre la santé pour tous d'ici l'an 2000. C'est la Résolution WHA 32. 30 de mai 1979

mondiste depuis près de vingt ans, l'OMS, tout en restant l'organe de prédilection pour l'énoncé de politiques, est de plus en plus critiquée[18] et ne parvient pas toujours à assurer ses fonctions de coordination en dépit de sa politique de décentralisation et de régionalisation de ses bureaux[19]. Elle reste néanmoins un instrument fondamental des droits de la personne[20].

Parallèlement à l'OMS, l'Organisation des Nations-Unies pour l'éducation, la science et la culture (l'UNESCO) manifeste depuis le début des années 1970, un intérêt constant et croissant pour les questions touchant la bioéthique. Cette détermination qui a joué un rôle sur l'échiquier international dans l'interface de la protection des droits de la personne et des développements scientifiques et cliniques, s'est illustrée par la création, en 1992, d'un comité international de bioéthique, lequel s'est réuni pour la première fois en 1993[21]. Cette place importante conquise par l'UNESCO est moins surprenante qu'il n'y paraît *a priori*. Tout d'abord, en vertu de son acte constitutif, l'UNESCO doit assurer la promotion de l'éducation, de la science et de la culture. Cette vocation transculturelle et universelle de l'UNESCO en fait donc un forum de discussion tout à fait approprié à la réflexion éthique qui, elle-même, se veut, ouverte, universelle et pluridisciplinaire. Par ailleurs, l'UNESCO a également au nombre de ses multiples missions celle de « sensibiliser l'opinion internationale aux nécessités de la reconnaissance de l'espèce humaine comme valeur à protéger dans sa dignité et sa singularité »[22], préoccupation qui revient de façon récurrente dans toutes les sphères de la médecine moderne.

---

qui établit la stratégie de la santé pour tous d'ici l'an 2000. Cette résolution est reproduite dans M. Bélanger, Droit international de la santé par les textes, Paris, Berger-Levrault, 1989, pp. 79-82. Pour une critique du programme santé pour tous d'ici l'an 2000, voir : E.S.W. Bidwell, « La voie vers la santé pour tous » (1988) 9 Forum mondial de la santé 39.

18.   F. Godlee, « WHO in Retreat : Is It Losing Its Influence ? » (1994) 309 British Medical Journal 1491.

19.   F. Godlee, « The Regions – Too Much Power, Too Little Effect » (1994) 309 British Medical Journal 1566 ; F. Godlee, « WHO in Europe : Does It Have a Role ? » (1995) 310 British Medical Journal 389. Pour un exemple du rôle des régions OMS : G. Pinet, « The WHO European Program of Health Legislation and the Health for All Policy « (1986) 12 (3/4) *American Journal of Law and Medicine* 441.

20.   J.-S. Cayla, supra, note 16, p. 236.

21.   En juin 1992, le directeur général de l'UNESCO, monsieur Frederico Mayor confiait à Mme Noëlle Lenoir, la mission de définir une « plate forme intellectuelle et un cadre d'orientation pratique pour l'élaboration d'un texte sur le génome humain », qui allait devenir le Comité international de bioéthique. Ce Comité, qui n'est pas un organe de contrôle, a pour tâche essentielle de faciliter la compréhension des changements en cours dans le respect des différences culturelles. Ce comité international regroupe 50 membres de culture et de formation différentes. Pour une présentation plus précise du Comité international de bioéthique, voir N. Lenoir, supra, note 1, pp. 270-272.

22.   UNESCO, Conférence Générale, 27e session, 1993, Doc. 27C/45, p. 3.

Enfin, au titre des OIG universelles particulièrement engagées en droit international de la santé, il convient de mentionner l'Organisation internationale du travail (OIT). Bien que non impliquée sur des questions directement associées à l'impact de la médecine sur les droits de la personne, l'OIT joue un rôle fondamental d'élaboration de normes en matière de santé et sécurité au travail[23] et a pris par ailleurs position en faveur de l'universalisation des soins médicaux[24]. Dans le cadre de ses missions, elle peut être amenée à prendre des décisions face à certains développements scientifiques, décisions qui, compte tenu du pouvoir normatif contraignant qu'elle détient, pourront affecter le développement ou l'application d'une découverte ou d'une technique donnée.

Finalement, de façon incidente, d'autres OIG peuvent être amenées à s'intéresser à des questions touchant la médecine et les droits de la personne[25]. C'est par exemple le cas du Fonds des Nations Unies pour l'Enfance (UNICEF), qui peut parfois prendre position quand la vie ou le bien-être des enfants sont en jeu[26] et qui, par ailleurs, milite pour que les enfants des pays en voie de développement puissent non seulement bénéficier d'un niveau de vie décent mais aussi avoir accès à des soins médicaux.

Parallèlement à ces OIG universelles, de plus en plus d'OIG régionales participent à l'élaboration du droit international de la santé, en réaction parfois aux décalages qui semblent prévaloir entre le droit occidental de la santé et le droit tiers-mondiste[27].

Les organisations intergouvernementales régionales

Nombreuses, toutes ces organisations intergouvernementales n'ont pas pour autant occupées une place de premier choix en matière de bioéthique et de protection des droits de la personne face aux développements de la médecine moderne.

Parmi ces différentes organisations, le Conseil de l'Europe est sans nul doute celle qui, la première, a affirmé sa compétence pour réfléchir sur les conséquences de l'interface des droits de la personne et de la médecine. Cette compétence du Conseil de l'Europe résulte de l'accord partiel[28] passé avec

---

23. M. Bélanger, Droit international de la santé, Paris, Économica, 1983, pp. 142-144.

24. Recommandation (n°69) Concerning Medical Care (1944) 26 *International Labour Office – Official Bulletin* 29.

25. Pour une présentation de ces différentes organisations, voir M. Bélanger, supra, note 23.

26. *Ibid.*, pp. 141-142. L'UNICEF s'est ainsi mobilisée pour dénoncer les enlèvements d'enfant à des fins de prélèvements d'organes.

27. M. Bélanger, supra, note 7, p. 54. Parlant du droit international de la santé, M. Bélanger le qualifie de droit « situé » qui « s'élabore sous la pression, parfois divergente des pays en voie de développement et des pays industrialisés » : *ibid.*, p. 24.

28. L'accord partiel est en fait constitué de deux résolutions importantes, l'une de 1951 et l'autre de 1959 qui reconnaissent au Conseil la compétence pour le secteur de la santé et de la

l'Union Européenne Occidentale en 1948, laquelle était en quelque sorte l'ancêtre du Conseil de l'Europe. Depuis lors, le Conseil de l'Europe a toujours joué un rôle moteur dans le domaine de la santé par le biais de sa direction des affaires juridiques tout autant que par sa direction de la santé publique. Pour s'en convaincre, il suffit de consulter les différentes publications du Conseil et l'ensemble des recommandations et résolutions adoptées par ses deux organes exécutifs, à savoir le Comité des ministres et l'Assemblée parlementaire[29]. À cet égard, alors que l'Assemblée parlementaire adopte des recommandations qui, du point de vue juridique, s'adressent au Comité des ministres et non aux gouvernements des États membres, celles qui émanent du Comité des ministres s'adressent quant à elles directement aux États[30].

Au niveau européen, la compétence de l'Union européenne est relativement limitée dans le domaine de la santé même si, pour la première fois, dans le cadre de l'article 129 du *Traité de Maastricht*, elle se voit explicitement reconnaître une compétence en matière de santé publique[31], laquelle s'inscrit dans la mission de « contribution à la réalisation d'un niveau élevé de protection de la santé »[32] de l'Union. Le pouvoir de l'Union européenne n'est cependant pas absolu. Il se limite à un pouvoir de coordination et non de réglemen-

---

protection sociale. Conseil de l'Europe. Comité des ministres, *Résolution (51) 62 concernant les accords partiels*, 2 août 1951 ; Conseil de l'Europe. Comité des ministres, *Résolution (59) 23 portant extension des activités du Conseil de l'Europe dans les domaines social et culturel*, 16 novembre 1959.

29. Consulter notamment le document produit par la Direction des affaires juridiques du Conseil de l'Europe intitulé *Textes du Conseil de l'Europe en matière bioéthique*, Direction des affaires juridiques, Strasbourg, 1993.

30. S. Fluss, *supra*, note 16, p. 64.

31. L. Dubouis, et C. Gueydan, *Grands textes de droit communautaire et de l'Union européenne*, Paris, Dalloz, 4e édition, pp. 105-106 : Article 129 du *Traité de Maastricht*

« 1. La Communauté contribue à assurer un niveau élevé de protection de la santé humaine en encourageant la coopération entre les États membres et, si nécessaire, en appuyant leur action.

L'action de la Communauté porte sur la prévention des maladies, et notamment des grands fléaux, y compris la toxicomanie, en favorisant la recherche sur leurs causes et leur transmission ainsi que l'information et l'éducation en matière de santé.

(...)

4. Pour contribuer à la réalisation des objectifs visés au présent article, le Conseil adopte :

- (...) des actions d'encouragement, à l'exclusion de toute harmonisation des dispositions législatives et réglementaires des États membres ;

- statuant à la majorité qualifiée sur proposition de la Commission, des recommandations ».

Parlement Européen, « Résolution sur la politique de la santé publique après Maastricht (19 novembre 1993) » (1994) 45 (3) *Recueil International de Législation Sanitaire* 418.

32. Art. 3 du Traité de Rome du 25 mars 1957 instituant la Communauté européenne tel que modifié par le Traité de Maastricht sur l'Union européenne du 7 février 1992 dans L. Dubouis et C. Gueydan, *supra*, note 31, p. 6. M. Joffe, « La protection de la santé et la communauté européenne : de vastes possibilités de progrès » (1993) 44 (4) *Recueil International de Législation Sanitaire* 788.

tation, ce qui signifie, concrètement, qu'il n'y aura pas d'obligation d'harmoniser les lois et règlements en matière de santé[33].

En fait, le rôle de l'Union va se limiter à initier et coordonner des programmes et discussions entre et avec les différents membres de la communauté. À cet égard, le comité de l'environnement, de la santé publique et de la protection du consommateur du Parlement européen a d'ores et déjà identifié différentes questions de santé sur lesquelles l'Union devrait exercer son rôle de coordination. Tout d'abord, l'Union devrait générer une vaste consultation avec les professions de la santé des États membres et des organisations non gouvernementales afin de développer des définitions communes de politiques de santé[34]. Elle devrait par ailleurs mettre en place une unité européenne de recherche épidémiologique et examiner les données des États eu égard à certaines maladies particulièrement identifiées, notamment les facteurs génétiques et environnementaux de certaines maladies[35]. L'Union devrait de plus, mettre en place un réseau transfrontière des maladies à déclaration obligatoire et, finalement, développer et réaliser des campagnes de promotion et d'éducation de la santé[36]. Le tout devrait bien évidemment se faire dans le respect des droits de la personne, puisque « l'Union respecte les droits fondamentaux, tels qu'ils sont garantis par la *Convention européenne de sauvegarde des droits de l'homme et des libertés fondamentales*, signée à Rome le 4 novembre 1950, et tels qu'ils résultent des traditions constitutionnelles communes aux États membres, en tant que principes généraux du droit communautaire »[37].

Parallèlement, tant le Parlement européen que la Commission manifestent un intérêt croissant pour les questions relatives aux développements scientifiques. Le Parlement a eu l'occasion d'émettre des résolutions sur des thèmes spécifiques[38] et dispose d'un groupe de travail spécialisé sur les développements scientifiques et technologiques (STOA)[39]. La Commission européenne, outre d'avoir eu différents groupes de travail sur des questions relatives aux

---

33. A. Phylip Pritchard, « The Challenge of the Treaty » (1993) 8 (9) *Nursing Standard* 21, p. 21.

34. *Ibid.*, p. 22.

35. *Ibid.*

36. *Ibid.*

37. En vertu de l'article F. paragraphe 2 du *Traité de Maastricht*, l'Union européenne confirme la jurisprudence de la Cour de Justice des communautés sur les droits fondamentaux. Le Parlement et la Commission souhaiteraient que la protection des droits fondamentaux au sein de l'Union se fasse par l'adhésion de la communauté européenne à la *Convention européenne de sauvegarde des droits de l'Homme et des libertés fondamentales* : J. Rideau, *Droit institutionnel de l'Union et des communautés européennes*, Paris, L.G.D.J., 1994 p. 50.

38. Par exemple, « Resolution on the Ethical and Legal Problems of Genetic Engineering » (1990) *Bulletin of Medical Ethics*, April, 8.

39. N. Lenoir, *supra*, note 3, p. 266.

progrès biomédicaux[40], a mis en place, en 1991, le Groupe de conseillers pour l'éthique de la biotechnologie (GCEB) auprès de la Commission européenne[41], lequel est chargé de mener une réflexion éthique autour des développements de la biotechnologie, afin de sauvegarder les valeurs sur lesquelles la société européenne s'appuie[42].

Par ailleurs, l'Union européenne collabore très étroitement avec l'OMS puisque par un échange de lettres, les deux organisations ont décidé de concilier leurs actions et d'agir de concert dans leurs cercles d'intérêts communs[43].

Au niveau du continent américain, l'Organisation panaméricaine de la santé (OPAS) a toujours été sensible à l'importance de la législation sanitaire, notamment lorsque des traités internationaux de déclaration obligatoire de certaines maladies ont été mis en place. Le mandat de l'OPAS n'est pas de nature législative ou réglementaire mais plutôt de nature éducative. Elle a en effet pour mission principale d'offrir de l'information, de la formation et des conseils aux États membres. Ainsi, en matière de santé, l'OPAS a t-elle eu l'occasion de participer, avec les gouvernements membres, à l'examen et à la révision de certaines lois touchant l'élaboration de codes de santé publique, l'encadrement des institutions de sécurité sociale ou encore, plus récemment la lutte contre le Sida[44].

L'Organisation de coopération et de développement économique (OCDE), OIG inter-régionale, a, quant à elle, joué un rôle majeur dans l'analyse comparative des systèmes de santé et l'accessibilité aux services de santé. Depuis le début des années 1970, elle a développé des instruments de mesure des coûts, de la consommation et de la rentabilité des services de santé des pays industrialisés[45].

De plus, confrontée à la difficulté croissante de gérer les services de santé, l'OCDE s'est lancée depuis le début des années 1990 dans l'examen et l'analyse des implications des progrès biotechnologiques des sciences biologiques et biomédicales sur les soins de santé et les politiques de santé. On peut, à ce titre, mentionner l'étude récente présentée à Ottawa en juin dernier sur « Gene Delivery Service ». L'OCDE s'intéresse également à l'impact de l'introduction

---

40. Par exemple, le Working Group on the Ethical, Social and Legal Aspects of Human Genome Analysis (WG-Elsa), Report of 21 December 1991, Bruxelles, CEE, 1991.

41. Communication de 1991 [sec (91) 629 final] de la Commission européenne au Parlement et au Conseil intitulée « Promouvoir les conditions de la compétitivité des activités industrielles basée sur la biotechnologie dans la communauté ».

42. Pour une présentation plus précise du G.C.E.B., voir N. Lenoir, *supra*, note 1, pp. 267-270.

43. M. Bélanger, *supra*, note 17, pp. 114-116.

44. Director's Letter, « Health and Law » (1988) 22 (4) *Bulletin of The Pan American Health Organisation*, p. i.

45. M. Bélanger, *supra*, note 23, pp. 176-177.

de certains développements biotechnologiques sur les soins de santé, par exemple en matière de vaccins avec des virus et bactéries vivants.

Incidemment, des organisations comme le Conseil Nordique, la Commission du Pacifique Sud[46], l'Association des Nations de l'Asie du Sud Est, l'Organisation des états américains et autres OIG régionales moins connues sont amenées à intervenir en matière de protection de la santé[47], au même titre que différentes organisations non gouvernementales.

2. Les organisations non gouvernementales

Les organisations non gouvernementales jouent un rôle très important dans le domaine international de la santé, et plus particulièrement dans celui de la médecine. Ce rôle, loin d'être purement et simplement substitutif face aux carences des organisations intergouvernementales, est en fait un rôle complémentaire, préalable parfois nécessaire à une réflexion au sein des OIG. L'un des atouts indéniables des ONG tient dans leur capacité d'initiative, qu'il s'agisse d'ONG universelles ou régionales. Ces dernières étant diverses et multiples, nous nous contenterons de présenter les deux ONG qui nous semblent jouer, actuellement, un rôle particulièrement important dans la construction du droit international de la santé et particulièrement du droit médical international. C'est le cas d'une part de l'Association médicale mondiale et d'autre part du Conseil international des organisations des sciences médicales.

Suite à une réunion informelle des médecins de plusieurs pays, à Londres en 1945, l'Association médicale mondiale (AMM) fut créée afin de remplacer l'Association professionnelle internationale des médecins fondée en 1926. Sa constitution et ses statuts ayant été adoptés lors de sa première Assemblée générale, le 18 septembre 1947 à Genève, l'AMM est un organisme composé et financé par les associations médicales qui s'y affilient sur une base purement volontaire. Regroupant plus de trois millions de médecins à travers le monde, l'AMM constitue une sorte de « forum libre et ouvert où les débats portent (...) sur les questions d'éthique et d'éducation médicale, sur les affaires sociomédicales et tous les autres sujets médicaux de nature générale de telle sorte qu'un consensus international puisse être atteint et diverses recommandations établies, indiquant aux médecins, en cas d'incertitude, l'action à entreprendre »[48]. Son but est de « servir l'humanité en s'efforçant d'atteindre

---

46. M. Bélanger, « Les prodromes d'un droit océanien de la santé : recherches sur les activités normatives de la Commission du Pacifique Sud » (1988) 65 *Revue de droit international et de droit comparé* 325.

47. M. Bélanger, *supra*, note 23, pp. 173-180.

48. Association médicale mondiale, « Introduction », dans *Brochure des Déclarations*, AMM, Ferney-Voltaire, septembre 1995 (Document relié).

les normes internationales les plus élevées en matière d'enseignement médical, de science médicale, d'art médical, de déontologie médicale et de soins médicaux pour tous les peuples du monde »[49].

N'ayant aucun pouvoir normatif réel, l'AMM émet des déclarations ou des résolutions sans aucune force juridique ni force obligatoire à l'égard des membres, même si ces textes ont souvent un poids considérable dans les débats nationaux et internationaux. Initialement tournées vers l'éducation de la profession, les déclaration de l'AMM, plus de 73 à ce jour, mettent également l'emphase sur les droits de la personne.

Le Conseil des organisations internationales des sciences médicales (CIOMS), est une autre ONG qui joue un rôle croissant de protection des droits de la personne dans le contexte des progrès biomédicaux. Créé en 1949 sous les auspices de l'OMS et de l'UNESCO, il a un statut consultatif auprès de ses deux autorités instigatrices[50] et est financé à la fois par des cotisations des ONG membres et par une subvention de l'OMS[51]. Outre de faciliter et de coordonner les activités des associations internationales membres de son conseil, il a notamment pour fonction « d'encourager les activités internationales dans le domaine des sciences médicales chaque fois que la participation de plusieurs associations internationales et institutions nationales adhérant au conseil est jugée nécessaire »[52]. C'est dans le cadre de cette fonction qu'il organise des colloques pluridisciplinaires sur des thèmes aux enjeux éthiques, juridiques et sociaux souvent fort controversés dans le cadre de son programme *Politique sanitaire, éthiques et valeurs humaines* adopté lors de la XVIIIe Conférence internationale du CIOMS tenue à Athènes en 1984[53]. Parallèlement, le CIOMS collabore également de plus en plus avec l'OMS à l'élaboration de lignes directrices, afin de poser des balises morales aux développements de certaines pratiques médicales[54]. Comme l'AMM, le CIOMS ne dispose d'aucun pouvoir, pas même celui d'émettre des recommandations. Il s'agit essentiellement d'un organe catalyseur des enjeux soulevés par les développements biomédicaux.

---

49. « Statut et règlement de l'AMM », art. 3 dans M. Bélanger, *supra*, note 17, p. 118.

50. M. Bélanger, *supra*, note 23, p. 191.

51. *Ibid.*

52. « Statuts de CIOMS », art. 3 d) dans M. Bélanger, *supra*, note 17, pp. 128-134.

53. Pour une présentation des objectifs de ce programme du CIOMS, et une liste des différentes conférences organisées depuis 1984 voir : Z. Bankowski, « Éthique et santé » (1995) 16 *Forum mondial de la santé* 125, p. 130. Pour un exemple de conférence : Z. Bankowski and A.M. Capron, *Genetics, Ethics and Human Values – Human Genome Mapping, Genetic Screening and Gene Therapy*, Proceedings of the XXIV CIOMS Round Table Conference, Geneva, CIOMS, 1991.

54. Par exemple : CIOMS, « Directives internationales pour l'examen éthique des enquêtes épidémiologiques » (1992) 3 (1) *Recueil International de Législation Sanitaire* 189 ; CIOMS, « Lignes directrices internationales relatives aux aspects éthiques de la recherche biomédicales sur des sujets humains » (1995) 46 (2) *Recueil International de Législation Sanitaire* 263.

D'autres ONG universelles, tel le Conseil international des infirmières, la Croix Rouge internationale, l'Association internationale Droit, Éthique et Sciences, ou autres groupes parfois institués *ad hoc*, sont également amenés, sur des sujets divers, à promouvoir les droits de la personne face aux développements biomédicaux[55], réaffirmant ainsi que certains de ces droits et principes généraux constituent le socle commun des droits de l'homme.

II. UNE DIVERSITÉ DE DROITS ET DE PRINCIPES

Compte tenu des nombreux enjeux et des différents droits susceptibles d'être mis en cause dans le cadre des développements scientifiques et technologiques en général, dans le domaine médical en particulier, il importe donc de classer quelques peu les différents instruments dont on dispose en la matière, indépendamment de l'organisation dont ils émanent et de leur valeur juridique. Lorsque l'on se prête à cet exercice, on peut envisager trois niveaux de protection de la personne, niveaux qui évoluent du plus général au plus spécifique. Le premier niveau, qui constitue en quelque en quelque sorte les principes généraux du droit international de la santé, relève de la protection générale reconnue à tout être humain (1). Le second niveau vise la protection de certaines populations spécifiques du fait de leur particulière vulnérabilité (2). Le troisième, qui fait en quelque sorte une symbiose des deux autres, vise la protection des individus de façon générale ou spécifique dans le cas d'une pratique médicale donnée (3). L'ensemble permet de faire ressortir un certain nombre de principes fondamentaux et de règles cardinales autour desquels s'articulent les progrès de la médecine.

1. La protection universelle de la personne

Afin de démontrer combien le lien demeure ténu et persistant entre les progrès biomédicaux et la question plus générale de la santé d'une part, la protection de la personne d'autre part, il est essentiel de noter que les droits fondamentaux de la personne tels qu'énoncés par les principaux textes des droits de l'homme constituent le fil conducteur de toutes les règles formelles ou non formelles énoncées par les différentes organisations internationales qu'il s'agisse d'OIG ou d'ONG, qu'elles soient universelles ou régionales.

Dans le cadre des développements scientifiques et médicaux, différents principes ou droits de la personne sont en jeu[56]. Ces droits sont néanmoins d'ores et déjà protégés contre les abus éventuels de l'utilisation des développements biomédicaux ou scientifiques du fait de leur inscription au sein

---

55. M. Bélanger, *supra*, note 23, pp. 181-189 et 193-196

56. H. Yamane, « Impacts of Scientific and Technological Progress on Human Rights : Normative Response of the International Community » dans C. G. Weeramantry, *supra*, note 4, 91.

d'instruments internationaux de portée générale. C'est tout d'abord le cas du principe du respect de la dignité humaine[57], qui se trouve au cœur de tous les débats et qui constitue la condition *sine qua non* de la légitimité de tout développement scientifique ou biomédical. Le droit à la vie[58], à la liberté et à la sécurité de la personne[59] est également l'un des droits les plus souvent évoqués dans le domaine de la médecine, dans la mesure où il fonde les principes d'inviolabilité et d'intégrité de la personne et d'indisponibilité du corps. Parmi les autres droits fondamentaux de la personne, le droit au respect de la vie privée[60], le droit à l'égalité de traitement[61], le droit au meilleur état de santé[62], le droit à la protection sociale[63], et le droit de bénéficier du progrès scientifiques

---

57. *Déclaration universelle, supra*, note 6, préambule et article 1. *Pacte international relatif aux droits civils et politiques* (1976) 999 *R.T.N.U. 171*, préambule [ci-après PIDCP] ; *Pacte international relatif aux droits économiques, sociaux et culturels* (1976) 993 *R.T.N.U.* 13, préambule [ci-après P.I.D.E.S.C.] ; *Convention européenne de sauvegarde des droits de l'homme et des libertés fondamentales* (1955) 213 *R.T.N.U.* 223, [ci-après *Convention européenne*] qui ne réfère pas directement à la notion de dignité mais le fait de façon indirecte en reprenant les principes de la *Déclaration universelle. Déclaration sur les droits de l'homme* (27/04/1978, ministres des affaires étrangères des États membres du Conseil de l'Europe) : principe 4. « Convaincus que la protection de droits de l'homme et des libertés fondamentales, tant sur le plan national qu'international, représente une œuvre continue, et que les droits individuels découlant de la dignité de la personne humaine conservent leur valeur et leur importance primordiales à travers les mutations et l'évolution de la société ».

58. *Déclaration universelle, supra*, note 6, art. 3 ; PIDCP, *supra*, note 57, art. 6 ; *Convention européenne, supra*, note 55, art. 2.

59. *Déclaration universelle, supra*, note 6, art. 3 ; PIDCP, *supra*, note 57, art. 7 ; *Convention européenne, supra*, note 55, art. 5.1.

60. *Déclaration universelle, supra*, note 6, art. 12 ; PIDCP, *supra*, note 57, art. 17.1 ; *Convention européenne, supra*, note 55, art. 8.

61. *Déclaration universelle, supra*, note 6, art. 2.2 ; PIDCP, *supra*, note 57, art. 26 ; P.I.D.E.S.C., *supra*, note 57, art. 2.1 ; *Convention européenne, supra*, note 57, art. 14 ; *Charte sociale européenne* (1965) 529 *R.T.N.U.* 89, préambule [ci-après *Charte sociale*]. *Convention sur l'élimination de toutes les formes de discrimination raciale* (1969) 660 *R.T.N.U.* 195, Première partie, art. 5 d.iv. Notons que dans le cadre de la Commission des droits de l'Homme des Nations-Unies, une sous commission est particulièrement chargée de la lutte contre les mesures discriminatoires et la protection des minorités. Récemment, la Commission des droits de l'Homme des Nations-Unies a d'ailleurs adopté lors de sa 46ᵉ séance, le 2 mars 1989, une *résolution 1989/11 sur la non discrimination dans le domaine de la santé* : (1989) 40 (3) *Recueil International de Législation Sanitaire* 779.

62. *Déclaration universelle, supra*, note 6, art. 25.1 ; P.I.D.E.S.C., *supra*, note 57, art. 12 ; *Charte sociale, supra*, note 61, partie I, art. 11. Notons cependant que la notion de santé n'est pas nécessairement entendue de la même façon. Dans le cadre de la *Déclaration universelle*, elle se manifeste à travers le droit à un niveau de vie suffisant. *Le Pacte international relatif aux droits économiques, sociaux et culturels* et la *Charte sociale européenne* renvoient quant à eux au meilleur état de santé possible et, en ce sens, entérinent la définition large de la santé telle qu'énoncée par la Constitution de l'OMS dans le premier principe de son préambule. Pour une discussion sur le droit de la santé, voir : E. DAVID, « Le droit à la santé comme droit de la personne humaine » (1985) II *Revue québécoise de droit international* 63.

63. *Déclaration universelle, supra*, note 6, art. 22 et 25.1 ; P.I.D.E.S.C., *supra*, note 57, art. 9 ; *Charte sociale, supra*, note 61, partie I, art. 13 et 14.

et de ses applications[64] constituent sans nul doute les droits les plus importants à rappeler et à protéger dans le contexte des développements de la médecine. Ces droits ne sont néanmoins pas absolus et peuvent être l'objet de limitations, lesquelles doivent être légalement définies[65].

En dépit de cette dernière réserve, ces droits reconnus à chacun de façon générale et universelle composent donc les principes généraux du droit international de la santé et sont constamment invoqués tant au niveau national que régional. Ils représentent la clé de voûte de la protection de la personne en droit médical et sont à ce titre des règles juridiques incontournables dont la violation est susceptible de sanctions.

Outre ces textes de portée générale qui contiennent en eux-mêmes des dispositions de nature à baliser l'usage des développements biomédicaux et scientifiques, d'autres textes, plus spécifiques ont été élaborés et adoptés. Certains de ces textes ont pour finalité de protéger l'individu contre certaines maladies, d'autres ont pour objectif de protéger certaines catégories spécifiques de personnes.

2. La protection visant des populations particulières

Même si le principe des droits de la personne est celui de l'universalité et non de l'individualité, l'égalité étant un des leitmotivs des droits de la personne, il n'en reste pas moins qu'une certaine forme de discrimination positive est reconnue et même édifiée par les instances internationales principales, afin de tenir compte de la vulnérabilité particulière de certaines populations, Deux grandes catégories peuvent être identifiées[66]. Il y a d'abord la protection de certaines catégories d'âge – l'enfant, la mère, les personnes âgées[67] – et

---

64. *Déclaration universelle, supra*, note 6, art. 27 ; PIDECS, *supra*, note 57, art. 15. *Déclaration on the Use of Scientific and Technological Progress in the Interest of Peace and for the Benefit of Mankind*, citée dans H. Keilau, « Scientific and Technological Progress and Humanism » dans D. Premont (dir.) *Essais sur le concept de droit de vivre*, Bruxelles, Bruylant, 1988, 97, p. 102 ; Art. 1 : «All States shall promote international co-operation to ensure that the results of scientific and technological developments are used in the interest of strengthening international peace and security, freedom and independance, and also for the purpose of the economic amd social development of peoples and the realization of human rights and freedom in accordacne with the Charter of the United Nations». Notons que le *Pacte international relatif aux droits économiques, sociaux et culturels* va plus loin que la *Déclaration universelle* puisqu'il affirme que les États doivent respecter la liberté indispensable à la recherche scientifique.

65. *Déclaration universelle, supra*, note 6, art. 29.2 ; PIDCP, *supra*, note 57, art. 4. P.I.D.E.S.C., *supra*, note 57, art. 4 ; *Convention européenne, supra*, note 57, qui énonce les limitations en fonction de chacun des droits énoncés.

66. Nous empruntons cette classification à M. Bélanger, *supra*, note 23.

67. L'intérêt de la communauté internationale pour les personnes âgées n'a guère été important jusqu'à présent mais risque de le devenir de plus en plus dans la mesure où le phénomène de vieillissement de la population à l'échelle planétaire pose de nombreux problèmes en terme de

ensuite la protection de certains individus considérés à risque : la femme à une certaine époque, les handicapés, les réfugiés et les prisonniers. Nous ne rentrerons pas dans le dédale des nombreux textes qui assurent la protection de ces différentes personnes vis-à-vis des développements de la science et de la médecine, mais nous contenterons d'en donner certains exemples.

Au départ, la protection de la mère et de l'enfant fut très largement liée à la notion de protection maternelle et infantile[68]. Reconnue déjà dans les instruments universels de base des droits de l'Homme[69], et d'autres instruments plus spécifiques[70], cette protection a peu à peu évoluée, dès lors que la femme et l'enfant se sont vus reconnaître la qualité de sujet de droits à part entière, à travers la *Convention sur l'élimination des toutes les formes de discrimination à l'égard de la femme*[71] d'une part, à travers la *Convention sur les droits de l'enfant*[72] d'autre part.

---

protection de l'autodétermination de ces personnes et d'accès aux soins. Outre l'Assemblée mondiale de l'ONU sur le vieillissement de 1982, on peut mentionner la *Résolution (70)16 du Comité des Ministres du Conseil de l'Europe sur la protection sociale et médico-sociale de la vieillesse* du 15 mai 1970 qui consacre ses articles 43 à 57 aux questions de nature médicale. Voir sur ce point, M. Bélanger, *supra*, note 17, pp. 328-329.

68. M. Bélanger, *supra*, note 17, p. 283.

69. Sur la protection maternelle et infantile voir notamment : *Déclaration universelle, supra*, note 6, art. 25.2 ; PIDECS, *supra*, note 57, art. 10. 2 ; PIDCP, *supra*, note 57, art. 24. 1 ; *Charte sociale, supra*, note 61, Partie I, art. 17. Les enfants ont fait l'objet d'une attention tout à fait particulière depuis le début du siècle et leur protection, dans le domaine de la santé, a été réaffirmée à travers de nombreux textes internationaux : *Déclaration universelle, supra*, note 6, art. 25. 2 ; PIDESC, *supra*, note 57, art. 10.3 ; *Charte sociale, supra*, note 61, partie I, art. 7. Pour une présentation des nombreux textes de protection de l'enfant avant l'adoption de la Convention de 1989, voir : M. Bélanger, *supra*, note 23, pp. 279-281.

70. Par exemple, la *Déclaration de l'Assemblée générale de l'ONU de 1974 sur la protection des femmes et des enfants en cas d'urgence et de conflit armé*, cité dans M. Bélanger, *supra*, note 17, p. 283. De nombreux textes de l'OIT ont également tenté de protéger la femme enceinte, notamment la Convention n°3 de 1919 et la Convention n° 103 de 1952 sur la protection de la maternité, citées dans M. Bélanger, *supra*, note 17, p. 283.

71. Doc. A/res/34/830 du 18 décembre 1979 rapportée dans *Droits de l'homme en droit international – Textes de base –* , Strasbourg, éditions du Conseil de l'Europe, 1985, pp. 71-87. Outre de reconnaître le droit au respect de la dignité humaine dans son préambule, la Convention reconnaît le droit à la protection de la santé dans le cadre du travail (art. 11. 1. f), l'accès aux services adéquats dans le domaine de la santé – y inclus les services de planification familiale (art. 12.1.), l'accès à des services appropriés lors de la maternité (art. 12.2.), le droit à la sécurité sociale et aux prestations de maladie (art. 11.1.e).

72. Multiculturalisme et citoyenneté Canada, *Convention relative aux droits de l'enfant*, Ottawa, Ministère des approvisionnements et Services Canada, 1991. Plusieurs dispositions de la Convention sont en mesure de protéger l'enfant face aux développements de la médecine notamment : Le droit au meilleur état de santé (art. 24.1.) ; le droit à l'assistance médicale (art. 24.2.b) y compris les soins prénatals et postnatals (art. 24.2.d) ; le droit à la protection contre toute forme de mauvais traitements (art. 19) ; le droit à la sécurité sociale (art. 26), le droit à un niveau de vie suffisant (art. 27.1.) ; le droit à la vie privée (art. 16). Pour une meilleure compréhension de ces différents articles, voir : S. Detrick (ed.), *The United Nations Convention on the Rights of the Child – A Guide to the « Travaux Préparatoires »*, Dordrecht, Martinus Nijhoff Publishers, 1992.

Au titre des populations à risque, la protection des personnes handicapées constitue l'un des domaines où l'intervention internationale se fait de plus en plus ressentir. Les textes qui envisagent les droits des handicapés le font soit de façon générale, soit en opérant une distinction selon que le handicap est physique ou mental.

L'un des textes les plus importants en la matière est sans nul doute la *Déclaration des droits des personnes handicapées* de l'Assemblée Générale de l'ONU en 1975[73], qui fut suivie de la *Déclaration de Manille* en 1978[74]. L'ONU n'a eu de cesse depuis lors de sensibiliser les états membres à la situation des personnes handicapées[75], notamment en déclarant la décennie 1983-1993 la période pour les personnes handicapées[76]. L'OMS a quant à elle publié, en 1980, une première classification internationale des infirmités, incapacités et handicaps[77]. Au niveau européen, tant le Conseil de l'Europe[78] que la Communauté européenne[79] sont également intervenus afin de protéger les droits des handicapés en réaffirmant notamment leur droit au traitement et à l'accès à des services spécialisés.

Parallèlement à ces textes qui tentent d'appréhender la protection des personnes handicapées de façon globale, certains textes visent plus spécifiquement les droits des handicapés mentaux, qu'il s'agisse de la *Déclaration de 1971 sur les droits du déficient mental* de l'Assemblée générale de l'ONU[80] ou des recommandations du Conseil de l'Europe[81].

---

73. *Declaration of the Rights of Disabled Persons*, G.A. Res.3447, 15 U.N. *G.A.O.R.* supp.n°34, p. 528, U.N. Doc. A/10034 (1975), art. 6 relatif au droit au traitement.

74. « Déclaration sur la législation relative aux handicapés dans les pays en voie de développement » (1978) 29 (4) *Recueil International de Législation Sanitaire* 1176.

75. Par exemple le Conseil économique et social de l'ONU a adopté le 6 mai 1975 une *Résolution 1921 (LVIII) sur la prévention de l'invalidité et la réadaptation des handicapés* : voir M. Bélanger, *supra*, note 17, p. 293.

76. M. Bélanger, *supra*, note 17, p. 293.

77. M. Bélanger, *supra*, note 23, p. 277.

78. Conseil de l'Europe, Assemblée parlementaire, *Résolution (84) 3 relative à une politique cohérente en matière de réadaptation des personne handicapées*, citée dans M. Bélanger, *supra*, note 15, pp. 295-296.

79. *Résolution du Conseil Européen sur les handicapés* (27 juin 1974), *J.O.C.E.*, C-80, 5 juillet, 1974, 30. *Décision N°74/328/CEE relative à l'intervention du Fonds social européen en faveur des handicapés*, *J.O.C.E.* L-185, 9 juillet 1974, 22. *Décision du Conseil n° 88/231/CEE du 18 avril 1988 portant établissement d'un deuxième programme d'action communautaire en faveur des personnes handicapées*, *J.O.C.E.* L-104, 23 avril 1988, 38.

80. *Résolutions et décisions adoptées par l'Assemblée Générale au cours de sa 26ᵉ session*, Assemblée Générale, Documents officiels, supplément n° 29, (A/8429), New York, 1972, 73, art. 2.

81. Conseil de l'Europe, Assemblée parlementaire, *Recommandation 818 (1977) relative à la situation des malades mentaux*, *supra*, note 29, pp. 7-10, qui réaffirme l'importance du maintien du droit de la santé des malades, et énonce des principes devant guider à l'internement des malades mentaux dans le respect de leurs droits fondamentaux. Conseil de l'Europe, Comité des ministres, *Recommandation R (83) 2 sur la protection des personnes atteintes de troubles mentaux et placées comme patients involontaires*, *supra*, note 29, pp. 44-45.

Quelque soit la nature de ces textes, une caractéristique leur est commune : ils envisagent le droit au traitement de façon très large, c'est-à-dire en y incluant le droit à la réadaptation[82]. Par ailleurs, la protection des personnes handicapées se fait non seulement du point de vue juridique mais aussi sur un plan plus matériel[83].

Finalement, indépendamment de la situation personnelle des personnes, certains textes de protection des droits de la personne visent spécifiquement certains développements de la médecine.

3. La protection spécifique de la personne face à la médecine

Les textes internationaux relatif aux enjeux de la médecine au regard des droits de la personne sont très nombreux et diversifiés et constituent une part non négligeable et même en pleine expansion du droit international de la santé. Ils sont souvent une symbiose des deux autres types de protection spécialement appliqués dans le contexte médical. Il peut s'agir de textes généraux relatifs par exemple aux droits des patients ou à l'exercice de la médecine[84]. Il peut également s'agir de textes qui focalisent plus particulièrement sur une pratique médicale spécifique ou sur un aspect des droits de la personne soulevé par la médecine. Dresser un bilan de l'ensemble des champs de pratique ayant fait l'objet de prise de position au niveau international ou régional par des organisations intergouvernementales ou non gouvernementales devraient faire l'objet d'une étude en soi. À titre d'exemple, nous nous contenterons d'examiner deux aspects de la médecine au cœur du débat actuel à savoir, la protection de l'information médicale d'une part, et la génétique humaine d'autre part.

La protection des données médicales est une question qui préoccupe de plus en plus les individus, surtout à une époque où l'informatisation croissante des dossiers médicaux, l'avènement des cartes santé, de la télémédecine et des dossiers médicaux sur internet font l'objet d'études de faisabilité importante. Suite à l'utilisation croissante des données médicales dans un contexte social, eu égard par ailleurs aux interconnexions possibles entre les banques de données de différents réseaux locaux, nationaux mais aussi éventuellement régionaux, la question de la protection des données médicales en tant que données personnelles d'une particulière sensibilité, protégées de ce fait par le droit au secret inhérent au droit au respect de la vie privée, a fait l'objet de

---

82. M. Bélanger, *supra*, note 23, p. 276.

83. *Ibid.*

84. Par exemple : Association médicale mondiale, *Code international d'éthique médicale* (Londres, 1949) amendé en 1968 (Sydney) et 1983 (Venise), *supra*, note 48 ; 17.A. ; Communautés économiques européennes, *Guide européen d'éthique médicale* (Paris, 1987), dans Bélanger M., *supra*, note 17, pp. 157-161.

certaines prises de position tant au niveau international[85] que régional[86] et fait actuellement l'objet de certaines études approfondies à la lumière des droits de la personne.

Dans un autre registre, les récents développements de la génétique humaine ont, au niveau international, sans nul doute constituer l'un des champs de réflexion le plus important au cours des dernières années, avec les nouvelles technologies de la reproduction. Ces progrès de la génétique humaine, associés à leur éventuelle application dans le domaine clinique, suscitent autant d'espoirs que de craintes et sont au cœur de nombreux débats éthiques, juridiques et sociaux aux différents paliers nationaux, régionaux et internationaux. Les recherches en génétique humaine et leur applications cliniques sont en effet en mesure de toucher tous les aspects de la vie des individus. Elles peuvent toucher leur vie privée, leur vie familiale, ou encore de leur vie sociale. À ce titre, la société a une obligation de « vigilance collective » afin d'éviter que le pire ne soit associé au meilleur et que des dérives n'accompagnent l'utilisation de ces découvertes potentiellement bénéfiques pour l'individu, d'où la pléthore de déclarations, résolutions, recommandations, avis, rapports d'experts, etc. qui n'ont de cesse de rappeler les droits fondamentaux de la personne au niveau international[87] ou européen[88].

---

85. Par exemple, Association médicale mondiale, *Déclaration sur la protection des intérêts du patient et le secret professionnel*, 1993, *supra*, note 48, 17.00.

86. Par exemple : Conseil de l'Europe, *Convention européenne de protection des personnes à l'égard des traitements automatisés de données à caractère personnel*, Strasbourg, 1981. Conseil de l'Europe, Comité des ministres, *Recommandation n°R (81) 1 relative à la réglementation applicable aux banques de données médicales automatisées* (en cours de révision), afin notamment de réajuster les mécanismes de protection et d'inclure la protection des données génétiques.

87. Par exemple : Association médicale mondiale, « Déclaration sur l'orientation génétique et les manipulations génétiques, 39ᵉ Assemblée Médicale Mondiale, Madrid, Espagne, 1987 » (1988) 39 (1) *Recueil International de Législation Sanitaire* 290. Association médicale mondiale, « Déclaration sur le projet du génome humain, 44ᵉ Assemblée Médicale Mondiale, Marbella, Espagne, 1992 » (1993) 44 (1) *Recueil International de Législation Sanitaire* 159. Fédération internationale de gynécologie et d'obstétrique, Comité pour l'étude des problèmes éthiques en reproduction humaine, *Considérations éthiques de la gynécologie et de l'obstétrique*, Londres, Fédération internationale de gynécologie et d'obstétrique, 1994. IInd Atelier de coopération internationale sur le projet du génome humain, « Déclaration de Valence sur l'éthique et le projet relatif au génome humain, Valence, Espagne, 14 novembre 1990 » (1991) 42 (2) *Recueil International de Législation Sanitaire* 363. Comité international des organisations internationales des sciences médicales, « Déclaration d'Inuyama, Japon, juillet 1990 » (1991) 42 (1) *Recueil International de Législation Sanitaire* 618. UNESCO, Preliminary Draft of a Universal Declaration on the Human Genome and Human Rights, CIP/BIO/96/comjur6/2] prov.5, Paris, march 1996.

88. Conseil de l'Europe, Assemblée parlementaire, *Recommandation 934 (1982) relative à l'ingénierie génétique*, *supra*, note 29, pp. 11-14. Conseil de l'Europe, Comité des ministres, *Recommandation R(90) 13 sur le dépistage génétique anténatal, le diagnostic génétique anténatal et le conseil génétique y relatif*, *supra*, note 29, pp. 53-55. Conseil de l'Europe, Comité des ministres, *Recommandation R (92) 3 sur les tests et le dépistage génétique à des fins médicales*, *supra*, note 29,

Si l'on tente de résumer les normes cardinales qui ressortent de l'ensemble de ces textes qu'ils soient de portée générale ou de portée spécifique soit en fonction de populations spécifiques, soit en fonction d'activités médicales données, huit principes ou droits ressortent de façon très nette à savoir : le respect de la dignité humaine, l'accessibilité aux services et aux soins – en fonction des ressources néanmoins – ; l'autonomie de la volonté ; le droit à l'information ; la gratuité des soins – droit cependant relatif car dépendant des ressources disponibles – ; l'intégrité et inviolabilité de la personne ; la qualité des services et finalement, le respect de la vie privée individuelle et familiale.

Si l'unanimité tend à s'opérer autour des principaux droits qu'il convient de protéger voire d'affirmer, l'inventaire des différents instruments utilisés nous a démontré combien les sources de ces droits étaient variées et nombreuses.

III. UNE HÉTÉROGÉNÉITÉ DES TEXTES

Cette hétérogénéité des textes se manifeste de deux manières : par la diversité des instruments de droit international de la santé d'une part (1), par la juridicité variable des textes internationaux en matière de santé et de progrès biomédicaux d'autre part (2).

1. La diversité des instruments internationaux

Comme dans les autres domaines du droit international, la nature et les sources des textes qui constituent le corpus normatif formel ou informel du droit international de la santé, notamment les rapports entre les développements médicaux et les droits de la personne sont nombreux, et parfois un peu confondants et complexes faute d'harmonisation du langage et compte tenu de la différence de valeur juridique reconnue à chaque instrument selon l'institution dont il émane.

On peut néanmoins tenter de dresser une hiérarchie des textes en fonction de leur valeur contraignante. Ainsi, en haut de la pyramide se trouvent les conventions et traités multi ou bilatéraux. Ces derniers sont surtout nombreux en termes de coopération et d'assistance sanitaire mais peu courus en matière de droit de la santé et d'éthique médicale. On trouve par contre

---

pp. 59-63. Conseil de l'Europe, *Projet de convention pour la protection des droits de l'Homme et de la dignité de l'être humain à l'égard des applications de la biologie et de la médecine : Convention de la bioéthique et rapport explicatif,* Strasbourg, C.D.B.I., 20 décembre 1995. Union européenne, Groupe de conseillers en éthique des biotechnologies, *Avis sur la thérapie génique,* Bruxelles, 12 Décembre 1994. Union européenne, Groupe de conseillers en éthique des biotechnologies, *Avis sur le diagnostic prénatal,* Bruxelles, 20 février 1996.

certaines conventions ou projet de conventions[89]. Elles demeurent néanmoins peu nombreuses car ce type d'instrument contraignant est peu privilégié.

Viennent ensuite les règlements de l'OMS et de l'OIT par exemple, les règlements, décisions et directives communautaires[90], qu'il ne faut pas confondre avec les directives des autres institutions qui s'apparentent le plus souvent à des lignes directrices, des «guidelines». Ces dernières en fait ont souvent une valeur juridique similaire à celle des résolutions de l'Assemblée générale de l'ONU ou de l'Assemblée médicale mondiale, aux recommandations du Conseil de l'Europe ou de la Communauté européenne, ou encore aux Déclarations finales de conférences internationales d'OIG[91]. Tout au bas de la pyramide se trouvent l'ensemble des textes émanant des ONG qu'il s'agisse de résolutions, de recommandations ou de déclarations. On retrouve également à ce même niveau, les différents avis de comités d'experts ou les rapports d'étude de groupes de travail internes aux OIG ou aux ONG.

2.   La juridicité variable des instruments internationaux

« La juridicité du droit à la santé est fonction de la juridicité des instruments qui l'énoncent ; on ne s'étonnera donc pas de son caractère variable »[92]. Cette affirmation énoncée pour le droit à la santé vaut en fait pour l'ensemble des principes et droits reconnus, au niveau international, au titre des droits de la personne vis-à-vis des développements scientifiques et médicaux.

Corollaire de la multiplicité des instruments normatifs du droit international de la santé, une variation existe quant à la valeur juridique qui leur est traditionnellement reconnue. Certains textes n'ont tout simplement aucune valeur juridique. C'est le cas pour l'ensemble des rapports d'étude et de recherche réalisés par les OIG[93] et les ONG. C'est également le cas des différents

---

89. Conseil de l'Europe, *Projet de convention pour la protection des droits de l'Homme et de la dignité de l'être humain à l'égard des applications de la biologie et de la médecine : Convention de la bioéthique et rapport explicatif*, Strasbourg, C.D.B.I., 20 décembre 1995. Si l'on prend l'exemple du projet de Convention européenne sur la bioéthique, cette dernière tente de reconnaître certains principes fondamentaux sauvegardant les êtres humains. Le projet envisagé est destiné à fournir des lignes directrices plus spécifiques tout en restant aussi fidèle que possible à la philosophie des droits fondamentaux même si la convention ne constitue pas un protocole additionnel à la Convention européenne des droits de l'homme. Les principes fondamentaux énoncés dans la Convention et les protocoles qui l'accompagneront seront considérés comme des principes de politique publique en termes de droit international et chaque partie devra veiller à ce que les sanctions s'appliquent à l'égard des personnes relevant de sa juridiction quand ils auront enfreint à l'étranger certains principes essentiels énoncés dans la Convention.

90. J. Rideau, *supra*, note 35, pp. 101-109.

91. M. Bélanger, *supra*, note 17, p. 26.

92. E. David, *supra*, note 62, p. 76.

93. Par exemple, World Health Organisation, *Recent Advances in Medically Assisted Conception*, Report of a WHO Scientific Group, Geneva, WHO Technical Report Series, n° 820, 1992.

textes, à finalité parfois normative, qui sont émis par des ONG qui n'ont pourtant aucun pouvoir normatif en soi. L'exemple le plus flagrant dans le domaine du droit international médical, tient sans nul doute dans les innombrables déclarations adoptées par l'Association médicale mondiale[94]. Ces déclarations n'ont aucune valeur juridique en soi et constituent uniquement des déclarations d'intention et des textes de prise de position par une association dont les membres se trouvent au cœur même des débats[95]. Il s'agit en quelque sorte de Chartes de comportement dont les membres de l'AMM décident de se doter, sans qu'aucune obligation ne pèse sur les associations nationales d'entériner et de respecter ces principes.

Il en est de même de certains textes émanant d'OIG universelles ou régionales, c'est-à-dire de certaines résolutions de l'OMS ou de l'ONU[96], des recommandations ou déclarations de l'UNESCO, des recommandations émanant du Conseil de l'Europe[97] ou de la Communauté européenne[98]. Ces textes ne créent aucune obligation pour les états qui ne sont même pas tenus d'indiquer les suites qu'ils leur ont ou non données.

Certains textes acquièrent une force juridique, après un certain temps et certaines procédures. C'est le cas des traités et des conventions. Les États peuvent, s'ils le souhaitent, adopter directement des textes de droit international de la santé par le biais de traités bilatéraux ou multilatéraux ou de conventions dans le cadre des OIG. L'entrée en vigueur de ce traité ou de cette convention suit en général une procédure bien établie en droit international[99].

---

94. Association médicale mondiale, *supra*, note 48. À la date de septembre 1995, l'AMM avait adopté plus de 73 Déclarations, recommandations ou résolutions portant sur toutes sortes de situations ou de pratiques susceptibles d'avoir un impact sur la santé et sur la pratique de la médecine.

95. Par exemple, dans le domaine de la fin de la vie : *Déclaration sur l'accès aux soins de santé*, adoptée par la 40ᵉ Assemblée médicale Mondiale, à Vienne en 1988 ; *Déclaration sur le projet du génome humain*, adoptée par la 44ᵉ Assemblée Médicale Mondiale, à Marbella, en septembre 1992 ; *Déclaration sur la mort*, adopté par la 22ᵉ Assemblée Médicale Mondiale, à Sydney, en août 1983 ; *Déclaration sur le suicide assisté*, adoptée par la 44ᵉ Assemblée Médicale Mondiale, à Marbella, en septembre 1992. Pour l'ensemble de ces déclarations, voir Association médicale mondiale, *supra*, note 48.

96. En principe, les résolutions de l'ONU n'ont aucune force obligatoire. Cependant dans les faits la situation est plus complexe selon le type de résolution dont il s'agit et notamment selon son libellé. Pour une discussion sur la valeur des résolutions de l'Assemblée générale de l'ONU dans le domaine de la santé , voir. E. DAVID, *supra*, note 62, pp. 81-82.

97. S. Fluss, *supra*, note 16, p. 64.

98. J. Rideau, *supra*, note 36, pp. 112-113.

99. Par exemple, dans le cas des Conventions adoptée par la Conférence internationale du travail, chaque État doit dans un délai de un an soumettre la convention aux autorités nationales compétentes qui sont celles habilitées à mettre la législation nationale en conformité avec la convention. Une fois le consentement de l'autorité nationale obtenu, l'État notifie au directeur général de l'OIT sa ratification par laquelle il s'engage à prendre toutes les mesures nécessaires pour

Ainsi, dans le cas des Conventions, cette entrée en vigueur peut être assujettie à un certain nombre de ratifications[100], de telle sorte que tant et aussi longtemps que le texte n'a pas obtenu le nombre de ratifications requises pour son entrée en vigueur, il n'a aucune force juridique[101]. Finalement certains textes ont une valeur juridique initiale. C'est notamment le cas des règlements adoptés par l'OMS ou par la Communauté européenne.

L'OMS a été dotée, en vertu de l'article 21 de son acte constitutif d'un pouvoir réglementaire dont le domaine est somme toute assez vaste[102]. Dans les faits cependant, ce pouvoir réglementaire s'avère relatif puisqu'un État peut soit refuser de se plier à un tel règlement en invoquant le principe de la souveraineté étatique, soit l'assortir de réserve[103]. Ceci expliquant cela, c'est sans doute l'une des raisons qui ont fait ou font que l'OMS n'a guère usé de son pouvoir réglementaire[104]. Elle lui préfère en règle générale des instruments de force juridique moindre mais de force morale plus importante, car adoptés sur une base volontaire.

La principale distinction entre les règlements et les directives tient au fait que les premiers s'imposent à tous les sujets de droit (particuliers, États,

---

assurer l'effectivité des dispositions de la Convention. Voir sur ce point : A. Lajoie, P. Molinari et J.-M. Auby, *Traité de droit de la santé et des services sociaux*, Montréal, Les Presses de l'Université de Montréal, 1982, p. 33.

100. Plusieurs dizaines de ratifications pour une convention des Nations-Unies ; Moins d'une dizaine en règle générale pour une convention du Conseil de l'Europe.

101. Par exemple le *Pacte international relatif aux droits civils et politiques* et le *Pacte international relatif aux droits économiques, sociaux et culturels*, adoptés en 1966 ne sont entrés en vigueur qu'en 1976. De la même façon, la *Convention européenne sur la protection des personnes à l'égard du traitement automatisé des données à caractère personnel*, a été adoptée en 1981 mais n'est entrée en vigueur en 1985.

102. *Constitution de l'OMS, supra*, note 16, art. : 21 « L'Assemblée de la Santé aura autorité pour adopter des règlements concernant : a) telle mesure sanitaire et de quarantaine ou toute autre procédure destinées à empêcher la propagation des maladies d'un pays à l'autre ; b) la nomenclature concernant les maladies, les causes de décès et les méthodes d'hygiène publique ; c) des standards sur les méthodes de diagnostic applicables dans le cadre international ; d) des normes relatives à l'innocuité., la pureté et l'activité des produits biologiques, pharmaceutiques et similaires qui se trouvent dans le commerce international ; e) des conditions relatives à la publicité et à la désignation des produits biologiques, pharmaceutiques et similaires qui se trouvent dans le commerce international ». L'OMS n'a en fait utilisé son pouvoir réglementaire qu'eu égard aux alinéas a) b) et d).

103. Sur la procédure des réserves voir M. Bélanger, *supra*, note 23, pp. 106-108.

104. Le premier règlement de l'OMS a été adopté par la première Assemblée Mondiale de la santé le 24 juillet 1948 et portait sur la classification statistique internationale des maladies, traumatisme et causes de décès et est plus connu sous l'acronyme C.I.M. Le C.I.M. a été régulièrement révisé depuis 1948 et ne semble avoir l'objet d'aucun refus de la part des États membres. L'OMS a également adopté successivement deux règlements sanitaires internationaux, le premier le 25 mai 1951, le second, qui en fait porte réforme du premier le 25 juillet 1969. Ce dernier règlement a été assorti d'un règlement additionnel adopté le 23 mai 1973 et modifié en 1981. Pour une présentation des R.S.I. voir : M. Bélanger, *supra*, note 17, pp. 46-53 et *supra*, note 23, pp. 93-100.

institutions), qu'ils sont directement applicables sans qu'il soit nécessaire de recourir à une mesure de réception nationale. Par ailleurs, le règlement jouit d'un effet direct et crée des droits et des obligations dont les juridictions nationales doivent tenir compte. Les directives, quant à elles, n'ont que les États pour destinataires. Elles imposent des résultats mais laissent aux États la compétence quant à la forme et les moyens pour atteindre les objectifs dans les délais fixés. Il n'y a pas de transposition directe des directives dans l'ordre interne mais les États ont l'obligation de communiquer à la Commission les mesures effectivement prises pour appliquer les directives. Les décisions pour leur part n'ont un effet obligatoire qu'à l'égard des destinataires qu'elles désignent, qu'il s'agissent de particuliers ou d'États[105].

3. La relativité des principes et droits énoncés

Même s'ils sont nombreux et affirmés par de multiples organismes, sous des libellés plus ou moins précis, les principes généraux du droit et les différents droits fondamentaux de la personne vis-à-vis de la médecine moderne demeurent largement aléatoires du fait de la juridicité souvent relative des textes qui les énoncent. En la matière, on retrouve les caractéristiques propres au droit international, «expression des solidarités croissantes qui transcendent les frontières nationales»[106], qui en font à la fois sa force et sa faiblesse. Des auteurs spécialisés en droit international public ayant eu l'occasion d'expliciter avec brio la double facette du droit international[107], nous nous contenterons quant à nous de mentionner certaines de ces faiblesses et de ces forces dans le contexte plus particulier du droit international de la santé.

Les forces du droit international de la santé

La première force du droit international de la santé nous paraît sans nul doute sa base volontaire et consensuelle. Quoique puissent en penser certains, le caractère volontaire de l'engagement d'un État ou d'un organisme professionnel à promouvoir ou protéger un droit fondamental peut avoir, dans les faits, autant de portée qu'un texte coercitif. En effet, dès lors qu'aucune force contraignante n'est attachée à un droit ou à un texte, dès lors que les susceptibilités souverainistes ou les protectionnismes corporatistes sont remisés, le pouvoir de négociation et de concertation devient plus libre, les recherches de consensus ou, à défaut de compromis, deviennent plus fortes, les volontés de

---

105. *Supra*, note 88.

106. J.-M. Arbour, *Droit international public*, Cowansville, Yvon Blais, 1992, p. 7.

107. M. Chemiller-Gendreau, « Le droit international : droit proclamatoire et droit exécutoire (idéologie et/ou superstructure) » dans *Réalités du droit international contemporain*, Actes de la IVe Rencontre de Reims, Centre d'études des Relations Internationales, Université de Reims, 1978, 46 ; J. DUPUIS, « Droit déclaratoire et droit programmatoire : de la coutume sauvage à la 'soft law' » dans *L'élaboration du droit international*, S.F.D.I., Colloque de Toulouse, Pédone, 1975, 132.

mettre en avant les points de convergence plutôt que les points de divergence se font plus effectives. Le droit proclamatoire inhérent à ces textes pousse souvent les frontières de l'acceptable plus loin que le droit exécutoire de certains autres textes. Ils détiennent un pouvoir d'incitation à l'action qui leur est propre et qui dépasse très largement celui des traités ou des conventions. C'est le secret de cette forme de négociation qui cherche plus à sensibiliser et responsabiliser les différentes parties – qu'il s'agissent d'États ou de professionnels de la santé – plutôt qu'à les obliger et à les contraindre.

De plus, il n'est pas exclu qu'avec le temps un droit qui, au départ n'était reconnu que dans un texte sans valeur juridique, finisse par être incorporé dans un instrument juridique contraignant. Le meilleur exemple qui puisse être donnée est celui de la *Déclaration universelle des droits de l'Homme* qui n'avait aucune force juridique en soi, et qui s'est transformée en règle coutumière. Il n'est pas non plus exclu, qu'un texte qui, au départ était uniquement proclamatoire, puisse, avec le temps et parce que les principes qu'il défend auront fait leur bout de chemin, être repris dans un texte juridique national.

L'une des autres forces du droit international de la santé résulte sans nul doute dans la diversité de son contenu. Pendant longtemps, le droit international de la santé a été essentiellement un droit composé de normes ordinaires – c'est-à-dire d'application immédiate – à fonction essentiellement technique, qu'il s'agisse de normes procédurales ou de normes plus substantielles[108]. De plus en plus, il devient un droit ayant une fonction éthique et politique[109]. Par ailleurs, le droit international de la santé peut autant énoncer des normes cadres, c'est-à-dire des « normes fixant, à travers la formulation de principes, le cadre général d'une activité »[110] et des normes ordinaires, c'est-à-dire des « normes faisant appel à des éléments beaucoup plus techniques »[111], indépendamment de leur caractère exécutoire immédiat ou ultérieur.

Les faiblesses du droit international de la santé

Par définition, le propre du droit international, entendu comme ensemble de normes juridiques régissant les relations internationales entre états ou entre états et organisations internationales, est de correspondre à une multiplicité d'États juxtaposés, tous souverains, égaux et jouissant du triple monopole de la législation, de la juridiction et de la contrainte sur son propre territoire[112].

---

108. M. Bélanger, *supra*, note 23, p. 290.

109. Pour reprendre la classification de Hubert Thierry qui distinguait entre les normes techniques, les normes éthiques et les normes politiques : H. Thierry, « Esquisse d'une classification fonctionnelle des normes du droit international », Mélanges Charlier, 1981, p. 297.

110. M. Bélanger, *supra*, note 23, p. 290.

111. *Ibid.*

112. J.-M. Arbour, *supra*, note 106, pp. 2-3.

Dès lors, cette souveraineté, fortement revendiquée, peut devenir un obstacle au niveau international puisqu'elle empêche parfois de s'accommoder de solutions imposées par d'autres souverainetés[113].

Le respect de la souveraineté des États, principe cardinal de droit international, ainsi que les règles variables d'incorporation d'un texte international dans l'ordre interne d'un pays font en sorte que la mise en œuvre des principes et droits reconnus à la personne, dans le contexte des développements scientifiques et médicaux, est nécessairement relative, pour ne pas dire aléatoire. L'absence de sanctions juridiques tout autant que de mécanismes de contrôles efficaces s'ajoutent par ailleurs au nombre des faiblesses du droit international comme outil normatif impératif.

CONCLUSION

Ce rapide tour d'horizon de l'archéologie internationale aux confins des droits de la personne et de la médecine moderne est à la fois source d'optimisme et source de frustration. Il est source d'optimisme car il démontre de façon inéluctable l'attention constante que prêtent moult organisations internationales à la protection des droits de la personne vis-à-vis des développements parfois fulgurants de la science et de la médecine. À ce titre, l'existence de normes internationales, de quelques natures qu'elles soient, semblent un rempart contre les dérives éventuelles pouvant découler de l'utilisation de certaines découvertes scientifiques. Dans les faits, pourtant, ce tour d'horizon est également source de frustration puisqu'il révèle qu'en ce domaine comme dans tout autre domaine de droit international, si l'intention de protéger les droits de la personne est bien présente, l'effectivité et la matérialité de cette intention font souvent défaut de par la nature même des instruments qui les contiennent, mais aussi et de façon beaucoup plus intrinsèque de par la nature du droit international . En effet , « [e]n droit international, la protection internationale des droits de l'homme représente une garantie subsidiaire laquelle n'est conçue que comme un palliatif du fait de la carence dans la protection nationale »[114].

En effet, plutôt que de tendre à une normativité internationale impérative, le droit international est essentiellement un droit consensuel dont la force d'exécution est imparfaite mais qui, pourtant, tend vers une certaine systématisation de ses normes[115]. L'exemple du droit international de la santé est fort

---

113. *Ibid.*, p. 6.

114. J.-G. Mahinga, « La contribution de la Cour interaméricaine des droits de l'Homme à la protection de la personne humaine : premières tendances » (1992) 69 *Revue de droit international et de droit comparé* 44, p. 47.

115. J.-M. Arbour, *supra*, note 106, p. 7.

éloquent en la matière. En définitive, il faut prendre le droit international de la santé pour ce qu'il veut être à savoir l'établissement d'une normativité internationale cadre, souple et élastique fondée sur des convergences de vues et de valeurs.

En conclusion, si l'on tente de systématiser les finalités de l'internationalisation des normes en matière de santé, sept fonctions, non exclusives les unes des autres, peuvent lui être assignées. Tout d'abord, elle peut agir comme détonateur, en sensibilisant les différents protagonistes à certains problèmes spécifiques nécessitant l'amorce d'une réflexion au triple niveau international, régional et national, tant au sein des organes étatiques que des organes professionnels ou associatifs. Elle peut parfois agir à titre de catalyseur, en identifiant les problèmes et réflexions suscités par la médecine moderne dans son ensemble et par certaines de ses applications en particulier : la génétique humaine en est un excellent exemple. Dans d'autres situations, elle joue un rôle de modérateur, en favorisant les discussions et l'élaboration de prises de position ou de politiques autour des convergences : ce fut par exemple le cas avec les procréations médicalement assistées. Souvent, elle intervient comme un amplificateur, en mettant sur l'avant scène certains enjeux, débats ou actes que ces derniers d'ailleurs soient positifs ou au contraire négatifs : la réflexion sur la protection des données médicales en est une bonne illustration. Parfois, l'internationalisation des normes relatives à la santé correspond à un rôle de superviseur dans la mise en place de lignes de conduite, de principes directeurs, de programmes et politiques communes : c'est le cas avec les programmes de prévention du VIH/sida ou encore avec les campagnes de vaccination ; plus souvent, elle assume la fonction de promoteur de l'intangibilité de certaines valeurs universelles : ce rôle est sans nul doute l'un des plus importants et des plus tangibles en matière de protection des droits de la personne. Finalement, et c'est dans une large mesure ce qui fait sa spécificité par rapport aux autres sphères du droit, l'internationalisation des normes en général, en matière de santé en particulier, traduit un dessein innovateur, en s'efforçant de fonctionner sur une base volontaire, dynamique et consensuelle afin de favoriser de nouvelles formes de coopération, voire une nouvelle appréhension de la normativité internationale de l'interface médecine moderne et droit de la personne.

L'accès aux soins de santé : réflexion sur les fondements juridiques de l'exclusion

Patrick A. Molinari[1]

INTRODUCTION

Il se sera écoulé bientôt vingt cinq années depuis que le système québécois des soins de santé aura subi sa première grande transformation et qu'il aura été modelé dans le moule idéologique de l'État-providence. Guidée par des objectifs clairement énoncés d'accessibilité, d'universalité et de gratuité, la réforme du système de santé a, pour l'essentiel, confié à l'État la maîtrise d'œuvre de ce qui est devenu le réseau des services de santé et des services sociaux. En effet, quoique l'autonomie des établissements ait été maintenue, surtout pour des motifs de commodité juridique, l'orientation, le financement et le développement des programmes et infrastructures du réseau dépendaient de décisions gouvernementales appuyées sur un appareil législatif et réglementaire complexe. On aura souvenir que la première version de la *Loi sur les services de santé et les services sociaux*[2] proposait une approche davantage guidée par les structures et l'organisation de ce réseau que sur ses missions et, surtout, sur les obligations de ceux qui devaient l'animer que ce soit à titre de fournisseurs de services ou à celui de consommateurs. Au fil des ans, les modifications successives ont considérablement alourdi le texte de départ jusqu'à ce que la réforme de 1991 substitue à ce texte une version entièrement revue et, surtout, augmentée de la loi d'origine.[3]

---

1. Professeur titulaire à la faculté de droit de l'Université de Montréal. L'auteur occupe actuellement le poste de vice-recteur à l'administration de cette université.

2. L.Q. 1971, c. 48.

3. *Loi sur les services de santé et les services sociaux et modifiant diverses dispositions législatives*, L.Q. 1991, c. 42.

Le nouveau texte, produit pour partie des travaux de la Commission d'enquête sur les services de santé et les services sociaux[4] et des nombreuses réflexions subséquentes menées par les ministres Lavoie-Roux et Côté, est beaucoup plus explicite que ne l'étaient les versions antérieures sur les missions du réseau des soins de santé et sur les obligations des établissements qui le constituent. Il est également plus prolixe sur les droits des citoyens de recevoir des soins et sur les conditions d'exercice de ces droits. Mais l'apparente générosité du législateur à l'endroit des usagers de ce réseau et le souci qu'il a manifesté pour la cohérence des rapports entre les établissements et ceux qui les fréquentent doit être mitigée à au moins deux titres. D'une part les texte lui-même contient des réserves importantes à l'exercice des droits consentis aux citoyens et d'autre part le contexte socio-économique d'application des normes juridiques n'est plus tout à fait celui de l'État-providence du moins quant aux disponibilités budgétaires consacrées à la prise en charge des coûts des services de santé.

L'objet de cette courte et probablement fort incomplète réflexion sur l'accès aux soins de santé est d'observer l'articulation du droit positif avec les principes d'allocation et de gestion des ressources mises à la disposition des établissements du réseau des services de santé. La démarche se situe donc en amont de la fourniture des soins et des services : il ne s'agit pas de discuter de la qualité des services ou des conditions dans lesquelles ceux-ci sont offerts. Il s'agit plutôt d'identifier qui a accès aux soins et d'apprécier la validité des mesures qui ont pour effet de priver certaines personnes, de façon momentanée ou permanente, de cet accès. En d'autres termes, la question qui est posée est celle de l'exclusion de certaines personnes dont l'état de santé n'a pas atteint un tel seuil de détérioration qu'il exige une intervention du système de soins. La question est piégée puisqu'on pourrait rapidement vouloir répondre que les soins de santé sont disponibles à ceux dont l'état l'exige, mais alors on occulterait peut-être une prémisse qui n'est pas totalement insignifiante : il faut encore savoir quels soins sont disponibles pour quel niveau de détérioration de la santé.

Deux exemples qu'on voudra peut-être qualifier de simplistes illustrent l'enjeu que pose cette prémisse. Le premier est celui des listes d'attentes pour certaines interventions chirurgicales dites électives. La décision de reporter à plus tard en raison de l'indisponibilité des ressources requises une intervention chirurgicale requise à la suite du diagnostic d'une pathologie articulaire ne permet pas de conclure que l'état de santé du malade n'exige pas de traitement. Elle exprime plutôt que les principes d'allocation des ressources ont

---

4. Gouvernement du Québec, *Rapport de la Commission d'enquête sur les services de santé et les services sociaux*, (Rapport Rochon), Québec, Les publications du Québec, 1987.

déterminé que tel état de santé ne justifiait pas que les soins soient immédiatement disponibles. Le second exemple est semblable mais porte sur l'accès à des méthodes diagnostiques dispendieuses dont le niveau de précision est toutefois plus élevé que les méthodes en usage. La décision de ne les rendre accessibles qu'au second ou au troisième niveau d'intervention sous-entend, certes de manière implicite, que le coût différentiel est mieux investi s'il sert au traitement plutôt qu'à celui du dépistage précoce.

Dans l'un et l'autre cas, tout se passe comme si l'accès aux soins était prédéterminé par le système de dispensation de telle sorte que l'usager ne puisse requérir du système que les soins que celui-ci estime pertinent de lui fournir au moment où il entend les lui fournir. Pourtant, il faut bien savoir que, dans le premier cas, l'usager pourrait choisir de recevoir ces soins à ses frais et en dehors du système public de soins et que, dans un hôpital américain par exemple, on reconnaîtra que son état justifie une intervention immédiate. Dans le second cas, le paradoxe est encore plus inquiétant puisque l'usager peut avoir accès à des méthodes diagnostiques accessibles à titre onéreux d'une clinique de professionnels installée à proximité d'un établissement public qui lui refuse l'accès à de telles méthodes. On conviendra que la situation est à tout le moins curieuse. Traduite à partir du vocabulaire juridique la question principale est donc celle de savoir si le débiteur de l'obligation de fournir des soins de santé est libre de déterminer l'étendue de son obligation à l'aulne des allocations budgétaires qui lui sont consenties ? La recherche d'une réponse passe par un rappel de l'émergence du droit aux services de santé.

I. L'ACCÈS AUX SOINS : RAPPEL DE L'ÉMERGENCE D'UN DROIT

C'est à partir d'une analyse juridique assez classique que les commentateurs ont trouvé dans l'article 4 de la version originale de la *Loi sur les services de santé et les services sociaux* le fondement du droit aux services de santé[5]. Alors que dans l'esprit des promoteurs de la loi, le texte de cet article ne devait avoir qu'une valeur symbolique qui excluait qu'on puisse en déduire une

---

5. L.Q. 1971. c. 48. Sur cette question, on pourra consulter : Lajoie, A., P.A. Molinari et J.M. AUBY, *Traité de droit de la santé et des services sociaux*, Montréal, Presses de l'Université de Montréal, 1981. Sur le droit aux services de santé, voir : Lajoie, A., P.A. Molinari et J.L. BAUDOUIN, « Le droit aux services de santé : légal ou contractuel », (1983) 43 *Revue du Barreau* 675, Lajoie, A., P.A. Molinari et L.H. Richard, *Le droit des services de santé et des services sociaux : évolution 1981-1987*, Québec, Publications du Québec, 1987 et, en particulier, le *Rapport V* par Andrée Lajoie et Annick Trudel, P.A. Molinari, *Le droit aux services de santé : de la rhétorique à la mise en œuvre judiciaire*, dans : *Développements récents en droit de la santé (1991)*, Cowansville, Les Éditions Yvon Blais, 1991.

créance exigible par le citoyen, la doctrine et la jurisprudence[6] ont, depuis, clairement établi que l'article 4 constituait, au profit de toute personne, un droit subjectif dont l'exécution pouvait être recherchée auprès des personnes et organismes désignés expressément comme les débiteurs d'une obligation de source législative[7]. Sans entrer dans l'examen des filiations du droit aux services de santé avec les droits fondamentaux de la personne ou avec les déclarations du droit international public en matière de droit à la santé[8], il faut reconnaître que le droit québécois aux services de santé est énoncé sur un fond de valeurs humaines et sociales prééminentes. Son interprétation en droit interne ne peut échapper à cette caractéristique et il serait illusoire, à l'abord, de le qualifier de simple mesure législative.

Comme la plupart des droits, le droit aux services de santé est accordé à chaque personne et il constitue dès lors un droit individuel. On aurait tort de prétendre qu'il crée simplement une créance collective qui assigne à l'État une obligation, plus politique que juridique, de pourvoir à la mise en place de services selon les autres modalités définies dans la loi. Interprété comme un droit individuel, le droit aux services de santé implique l'existence d'un rapport juridique entre un citoyen et des débiteurs spécifiques dont l'identification est permise par la *Loi sur les services de santé et les services sociaux* tout comme est permise la détermination des obligations de ces débiteurs. Il en découle que le défaut de satisfaire ces obligations constitue un bris du rapport juridique que les tribunaux judiciaires peuvent sanctionner en appliquant les règles habituelles de solution des litiges entre créancier et débiteur[9].

Il faut toutefois dès à présent convenir que ni la lettre de ce droit ni l'économie générale du droit commun n'autorisent à croire en l'absence de mesures de limitations qui viendraient définir les contours du droit aux services ou en

---

6. On trouvera dans le texte de P.A. Molinari, *Le droit aux services..*, loc. cit. note 5, le court répertoire des décisions judiciaires relatives au droit aux services. Depuis la parution de ce texte, il faut ajouter, notamment : *Bélanger c. Cité de la santé de Laval*, [1990] R.J.Q. 1914, (C.S. Montréal), *Paré c. Centre hospitalier de Dolbeau*, C.S. Roberval, 155-05-000114-927, 23 novembre 1992 et *Vallée c. Foyer du Bonheur Inc et al.*, [1993] R.J.Q. 494.

7. Pour une analyse historique de l'émergence de ce droit, voir : Lajoie, A., P.A. Molinari et al., *Pour une approche critique du droit de la santé*, Montréal, Presses de l'Université de Montréal, 1987.

8. Voir, notamment : Bélanger, M., *Droit international de la santé*, Paris, Économica, 1983. On pourra également consulter sur ce sujet une excellente synthèse des courants d'analyse du droit à la santé dans : *The Right to Health in the Americas, A Comparative Constitutional Study*, Pan American Health Organization, Washington, 1989 et, en particulier, dans la synthèse préparée par Hernan Fuenzalida-Puelma et Susan Scholle Connor, aux pages 541 et suivantes. Pour une approche large du droit à la santé, on consultera : *The Right to Health as a Human Right*, René-Jean Dupuy, Ed. Workshop, 27-29 July 1978, Alphen aan den Rijn, The Netherlands, Sijthoff and Noordhoff, 1979

9. Sur cette questions, voir : P.A. Molinari, *loc. cit.* note 5, p. 76.

restreindre l'exercice. Comme on le verra plus bas, le droit aux services est assorti de limites et son exercice, de contraintes. Certaines sont explicites et d'autres encore sont implicites et découlent d'aménagements du contrat social. Cela dit, il faut souligner que la conjoncture des récentes années a permis l'introduction d'un discours qui tend à faire du droit aux services de santé un droit qu'on qualifiera de résiduel en ce que son étendue serait strictement délimitée par les choix d'allocations de ressources. À la façon d'une peau de chagrin, le droit aux services de santé rétrécirait dès lors que le débiteur de l'obligation de fournir les soins estimerait ne pas avoir les moyens de les offrir. On se trouverait alors dans la curieuse situation où il serait impossible d'invoquer une violation du droit d'accès aux services puisque le refus d'accès plutôt que d'être qualifié de tel serait proposé comme le résultat de l'absence d'accès. Selon cette logique, on ne pourrait invoquer un droit sans objet ni, par voie de simple conséquence en exiger le respect. Pour étonnante que puisse être cette approche, ses fondements exigent un examen attentif parce qu'ils ne sont pas dénués de portée juridique. Avant de les examiner, il peut être intéressant de rapidement suivre le parcours du droit aux services de santé depuis son inscription dans la loi originale de 1971.

II. LA MISE EN ŒUVRE DU DROIT AUX SERVICES : QUELQUES REPÈRES HISTORIQUES

Pour l'essentiel, le droit aux services de santé, dans l'acception qui est ici retenue, porte sur l'accès aux soins et sur le choix du lieu où ces soins seront dispensés. L'expression législative de ce droit n'a guère connu de modification entre le moment de son inscription dans la loi de 1971 et la révision de 1991. Puisque la vaste majorité des jugements qui sont venus en préciser la portée reposaient sur la version originale des textes, il convient de reproduire ces derniers au long :

4. *Toute personne a le droit de recevoir des services de santé et des services sociaux adéquats sur les plans à la fois scientifique, humain et social, avec continuité et de façon personnalisée, compte tenu de l'organisation et des ressources des établissements qui dispensent ces services.*

   [paragraphes 2 et 3 omis]

6. *Sous réserve de l'article 5 et de toute autre disposition législative applicable, rien dans la présente loi ne limite la liberté qu'a une personne qui réside au Québec de choisir le professionnel ou l'établissement duquel elle désire recevoir des services de santé ou des services sociaux, ni la liberté qu'a un professionnel d'accepter ou non de traiter cette personne.*

Quelques observations s'imposent. Tout d'abord on remarquera que ces dispositions s'inscrivent dans l'économie générale de la *Loi sur les services de santé et les services sociaux* et que les droits qui sont conférés n'ont de portée que dans ce cadre. Le droit auquel un citoyen peut prétendre pour exiger des soins d'un professionnel qui œuvre en cabinet privé ne peut donc trouver sa source dans ce texte[10]. Puisque notre système de soins de santé est articulé autour d'un modèle institutionnel, les services étant généralement dispensés dans un établissement et par le biais de celui-ci lorsqu'il sont fournis à domicile ou dans d'autres infrastructures, le champ d'application du droit aux services santé couvre une part considérable de la prestation des soins au Québec. On notera d'ailleurs que l'article 4 fait référence expresse aux établissements qui sont ainsi considérés comme les pôles de distribution des soins et services et qui sont les premiers débiteurs de l'obligation de fournir des soins[11].

On remarquera, ensuite, que le droit d'accès aux soins est fonction de l'organisation et des ressources des établissements et que se trouve ainsi introduite une limite expresse à l'exercice du droit, limite qui aurait probablement été dégagée par interprétation si elle n'avait pas été inscrite. En effet, on aurait tort de croire que le droit d'accès puisse avoir une portée absolue d'une part parce que ce serait rompre avec le principe de l'accès équitable et, d'autre part, parce que ce serait créer des situations juridiques impossibles à traduire dans les faits. Pour que le droit aux services existe, il doit y correspondre une obligation corrélative : l'établissement qui n'offre pas tel ou tel autre service ne peut être débiteur de l'obligation de le fournir à moins qu'il n'ait été tenu de l'offrir et qu'il ait choisi ou renoncé à le faire.

On remarquera enfin, que l'article 6 portant sur le libre-choix par l'usager de l'établissement est un corollaire nécessaire de l'article 4. Si le même service est disponible dans deux établissements, le premier établissement auquel l'usager s'adresse ne peut simplement renvoyer celui-ci au second pour un motif

---

10. Un tel droit pourrait, dans certaines circonstances, trouver fondement dans les lois professionnelles et les codes de déontologies pris en application de celles-ci. Les lois générales et, en particulier, la *Charte des droits et libertés de la personne*, L.R.Q. c. C-12 peuvent également fournir des éclairages juridiques pertinents.

11. Il faut préciser que les établissements, à titre de personnes morales, ne dispensent pas eux-mêmes des soins. Il a là une évidence qui n'exige probablement pas que la précaution sémantique soit prise de façon systématique. L'observation a lieu d'être faite pour contrer l'argument parfois invoqué selon lequel un centre hospitalier ne peut fournir des soins médicaux puisqu'il se trouverait alors à exercer illégalement la médecine. Il est bien entendu qu'une personne morale ne peut directement prodiguer des soins et qu'elle s'acquitte de son obligation en ayant recours à des personnes physiques autorisées et compétentes. La personne morale assume l'obligation et c'est à elle qu'il revient d'en assurer l'exécution. Sur cette question, voir la critique de POIRIER, S., Le contrôle de l'exercice de la médecine en milieu hospitalier, Sherbrooke, Les Éditions Revue de Droit, 1994. Voir, également, les propos de la Cour d'appel dans l'affaire *Lapointe c. Hôpital Le Gardeur*, [1989] R.J.Q. 2619 (C.A.).

de simple convenance. Tout comme l'article 4, l'article 6 comporte certes ses limites d'application, encore que celles-ci mêlent les genres[12], mais il faut retenir qu'à compter du moment où un établissement ne peut refuser des soins sauf pour l'un des motifs énoncés à l'article 4, il ne peut faire échec à la liberté de l'usager de choisir de les recevoir de lui. Enfin, on aura noté que le principe de la réciprocité de la liberté de choix ne s'applique qu'aux rapports entre l'usager et le professionnel encore que, dans ce dernier cas, on puisse poser que le professionnel à l'emploi d'un établissement ou qui, comme le médecin, y exerce sa profession en vertu d'un statut de droit public accepte de limiter l'exercice de cette faculté de choisir ses patients au regard des obligations auxquelles il s'engage auprès de l'établissement.

Si la réforme de 1991[13] a emporté, notamment au plan de la lettre du droit relatif au système de santé, des modifications majeures dont l'ampleur peut être observée par le simple fait que le texte de la loi de base compte désormais plus de sept cents articles alors que la version qui a été remplacée en comptait guère plus que le tiers, les ajustements apportés aux articles fondant le droit aux services n'ont pas fait l'objet de nombreux commentaires. Certes, dans un contexte où la nouvelle loi devait faire écho aux souhaits maintes fois énoncés de recentrer le système de santé sur son unique finalité qui est celle de rendre disponible des soins et services aux citoyens, il n'allait pas de soi qu'on redoute que certaines de ces mesures pourraient avoir un effet délétère sur l'accès aux soins. Mais on ne saurait taire que quelques observateurs de l'évolution du système de santé estimaient que des brèches ouvertes par les tribunaux pouvaient mettre en péril la cohérence de l'organisation d'un réseau déjà aux prises avec de fortes distorsions dans l'offre de services et avec des compressions budgétaires qui étaient pourtant simplement annonciatrices d'un contexte aujourd'hui beaucoup plus grave.

---

12. La rédaction de la première phrase de l'article 6 était curieuse. L'exception faite pour l'article 5 visait une protection antidiscriminatoire à une époque où la *Charte des droits et libertés de la personne* n'avait pas encore été adoptée. On peut en déduire que l'expression de cette « réserve » visait plutôt à empêcher qu'un professionnel refuse de dispenser des soins pour un motif discriminatoire et, de la sorte, servait de renfort au principe du libre-choix. Quant à la réserve fondée sur toute autre disposition législative applicable, son caractère englobant permet de poser qu'elle visait tout autant le renfort du principe que, dans quelques rares cas, des limites à sa mise en œuvre. La version actuelle de la loi ne réitère pas la même ambiguïté.

13. *Loi sur les services de santé et les services sociaux et modifiant certaines dispositions législatives*, L.Q. 1991, c. 42, refondue sous le titre et la référence : *Loi sur les services de santé et les services sociaux*, L.R.Q. c. S-4.2. La plupart des dispositions sont entrées en vigueur le 1er octobre 1992. Le texte a, depuis lors, déjà été modifié à près de cinq reprises et la vaste majorité des règlements qui doivent être pris pour son application n'ont toujours pas été encore adoptés. Les modifications apportées depuis 1991 ne touchent cependant pas directement l'énoncé du droit aux services encore qu'elles puissent avoir un impact sur le cadre juridique de son application.

Le droit aux services de santé, toujours au sens où il est entendu ici, se trouve exprimé aux articles 5, 6 et 13 de la loi nouvelle. Il est utile de reproduire ici des dispositions pour en comparer la rédaction à celle des textes qu'ils remplacent.

5. *Toute personne a le droit de recevoir des services de santé et des services sociaux adéquats sur les plans à la fois scientifique, humain et social, avec continuité et de façon personnalisée.*

6. *Toute personne a le droit de choisir le professionnel ou l'établissement duquel elle désire recevoir des services de santé ou des services sociaux.*

   Rien dans la présente loi ne limite la liberté qu'a un professionnel d'accepter ou non de traiter une personne.

13. *Le droit aux services de santé et aux services sociaux et le droit de choisir le professionnel et l'établissement prévus aux articles 5 et 6, s'exercent en tenant compte des dispositions législatives et réglementaires relatives à l'organisation et au fonctionnement de l'établissement ainsi que des ressources humaines, matérielles et financières dont il dispose.*

On aura remarqué que les libellés de reconnaissance du droit d'accès aux soins et du droit au libre-choix sont identiques à la version originale sous réserve que l'exigence de résidence au Québec pour exercer le libre-choix de l'établissement ou du professionnel n'a pas été reproduite probablement pour éviter quelqu'interprétation mesquine qui, fort heureusement, n'avait jamais été formulée. C'est, de toute évidence, au chapitre des limites à l'exercice de l'un et l'autre droit que les ajustements sont les plus perceptibles.

Par exemple, le fait de référer à toute norme de source législative ou réglementaire relative à l'organisation et au fonctionnement des établissements comme facteur de modulation de l'exercice du droit d'accès aux soins introduit une précision qui ne se trouvait pas dans le texte ancien et qui est susceptible d'au moins deux interprétations. L'une, qu'on voudra qualifier de généreuse pour le droit d'accès, implique que les établissements doivent modeler leur organisation et aménager leur fonctionnement en conformité avec une norme juridique expresse pour que le refus de service puisse être justifié par des considérations de ce genre. Au regard des nombreuses dispositions de la *Loi sur les services de santé et les services sociaux* qui encadrent l'organisation des soins et des services[14], il ne fait pas de doute que les établissements trou-

---

14. À titre d'exemple, on consultera l'article 347 de la loi qui prévoit la préparation de plans régionaux d'organisation des services. Cet article est indicatif de la volonté politique des promoteurs de la nouvelle de baliser de manière précise l'offre de services et, surtout, sa répartition entre les établissements d'une région. On lira aussi l'article 105 qui fait obligation aux établissements de déterminer les services qu'ils dispensent et d'y procéder en conformité avec les plans dont il est fait état à l'article 347. Il est apparent à la lecture de la loi que chaque établissement, malgré

veront de nombreux points d'ancrage dans des normes spécifiques mais il faut observer que ces ancrages servent précisément à contenir la discrétion dont les établissements disposeraient autrement en matière d'organisation et de fonctionnement. L'autre interprétation, peut-être moins généreuse mais surtout pessimiste, consiste à simplement affirmer qu'au regard du nombre de mesures législatives et réglementaires attributives de discrétion aux établissements, ceux-ci pourront toujours trouver une justification pour refuser l'accès aux soins.

Cette perception pessimiste pourrait être renforcée lorsqu'on constate que le texte de l'article 13 précise que l'exercice du droit d'accès aux soins doit tenir compte des ressources humaines, matérielles et financières dont dispose l'établissement. Or, il n'y a pas là matière à inquiétude puisque l'énumération de ces ressources était comprise dans l'expression plus générale retenue à l'article 4 du la loi ancienne. En bref, on voudra retenir que les changements apportés aux textes qui consignent le droit d'accès aux soins ne sont pas tellement significatifs qu'ils modifient les rapports juridiques entre les usagers et les établissements. D'ailleurs on pourrait même trouver quelque vertu dans le libellé de l'article 13 qui exprime avec une clarté qui résiste à toute tentative d'interprétation atténuante que les limites portent sur les circonstances et conditions d'exercice du droit d'accès aux soins et non pas sur le droit lui-même[15] dont l'intégralité est ainsi préservée. Le défi posé au droit d'accès aux soins de santé est donc moins celui de son existence que celui de son application. Les repères qui justifient cette affirmation sont tributaires des limites de l'analyse juridique mais on admettra que la pratique judiciaire constitue un champ d'observation adéquat pour apprécier l'effectivité des normes juridiques. La difficulté de la démarche provient du fait que les logiques qui s'opposent devant les tribunaux peuvent être irréconciliables.

III. LA PRATIQUE DU DROIT D'ACCÈS AUX SOINS : UN BILAN JUDICIAIRE

Il a fallu attendre environ dix années pour que les tribunaux soit appelés à se prononcer une première fois sur la portée du droit d'accès aux soins[16].

---

l'autonomie à laquelle il peut prétendre à titre de personne morale, doit désormais être considéré comme un élément du réseau de soins et de services et qu'il ne peut prétendre avoir toute discrétion pour déterminer l'offre de services à la population.

15. Sur cette question et sur la portée de la distinction, voir : P.A. Molinari, *loc.cit.*, note 5.

16. L'inventaire portant surtout sur les décisions rapportées, il ne faudrait pas tenir cette affirmation comme solennelle mais les litiges portant sur ce droit étant relativement rares, les comentateurs sont à l'affut de tout prononcé judiciaire ce qui accroît peut-être la vraisemblance du propos.

L'affaire *Poirier* c. *Hôpital du Haut-Richelieu*[17] a connu suffisamment de notoriété et, surtout, a été commentée assez souvent pour ne pas y revenir ici sauf à souligner qu'elle mettait en cause la validité d'une politique interne de l'hôpital qui visait à établir une priorité d'accès aux services diagnostiques selon que l'usager était référé par un médecin rattaché à l'hôpital ou par un médecin qui n'y détenait pas de statut. Le droit invoqué était double et fondé à la fois sur le libre-choix de l'établissement et sur le droit aux services. On sait que la décision judiciaire a tenu que la politique de l'établissement ne pouvait faire échec au droit d'accès aux soins pour le motif principal que celle-ci n'était pas autorisée par un texte législatif ou réglementaire.

Ce sont aussi des arguments de gestion efficiente des ressources qui ont été l'objet principal du litige survenu plusieurs années plus tard dans une affaire que les médias avaient propulsée à l'avant-scène de l'actualité. Le jugement rendu dans *Jasmin* c. *Cité de la santé de Laval*[18] illustre bien la difficile conciliation du droit positif et des impératifs de la gestion des établissements. L'hôpital était alors confronté à un déséquilibre de la demande de services dans le secteur de l'obstétrique et pour pallier les effets négatifs d'une affectation disproportionnée des ressources dans ce secteur au détriment d'autres domaines d'intervention, il avait résolu de contrôler l'offre de soins par voie normative. S'il faut convenir que la technique de rédaction des règlements destinés à préciser les modalités d'accès aux services d'obstétrique était pour le moins boiteuse en ce qu'elle retenait des facteurs carrément discriminatoires[19], on doit aussi convenir que le problème auquel faisait face l'établissement était réel.

Mais au regard du droit d'accès aux soins, les normes adoptées par l'hôpital dans l'exercice du pouvoir général que lui conférait son statut de personne morale étaient tout de même illégales pour le motif principal qu'elle conféraient au débiteur de l'obligation la faculté d'unilatéralement déterminer l'étendue de cette obligation[20]. Pour que ces normes soient légales, il faudrait, si l'on s'en remet au jugement rendu dans cette affaire, que la loi autorise spécifiquement l'établissement à prédéterminer l'offre de soins et à avoir recours à des mesures autres que l'urgence ou la gravité de l'état du patient pour refuser l'accès aux soins.

---

17. [1982] C.S. 511.

18. [1990] R.J.Q. 502 (C.S.)

19. L'article 4 du Règlement concernant l'accessibilité aux services obstétricaux disposait ainsi : « *4. les intervenants et les conjointes des intervenants (personnel, médecins, bénévoles) de la Cité de la Santé ne sont pas soumises au présent réglement* ».

20. L'invalidité des décisions des établissements qui confèrent un caractère simplement potestatif aux obligations de ceux-ci avait été invoquée par Lajoie, A., P.A. Molinari et J.M. Auby, *Traité de droit de la santé et des services sociaux, op. cit.*, note 5, au paragraphe 122.

Située dans un contexte plus général, l'opinion du tribunal consistait à retenir que le pouvoir d'adopter des normes relatives, par exemple, à l'admission des patients ou à l'organisation des soins n'emportait pas celui de limiter l'accès aux soins en retenant des quotas nécessairement préétablis. Ces normes ne peuvent faire échec à l'exercice du libre-choix par le patient de son médecin. Cette dernière position a été clairement affirmée par la Cour d'appel dans l'affaire *Hôpital Laval* c. *Samson*[21]. L'opinion de la cour est d'une importance considérable puisqu'elle statue sur la portée d'une règle d'utilisation des ressources dont l'adoption répond à la nécessité de prévoir un système adéquat d'allocation et de distribution des services rendus par les médecins. Situant clairement le conflit entre une telle règle et le droit au libre-choix par le patient, la cour en vint à la conclusion qu'une mesure qui constitue, par sa lettre ou par son application, une négation du droit au libre-choix est contraire à la *Loi sur les services de santé et les services sociaux* et qu'elle ne constitue dès lors pas une limite valide à l'exercice du droit[22].

Chacune des affaires *Poirier, Jasmin* et *Samson* a pour toile de fond la volonté d'un établissement d'organiser ses services de manière à optimiser l'allocation des ressources dont il dispose et ainsi d'assurer une offre de soins qui soit conséquente avec de nombreux paramètres. Dans les trois cas, il faut présumer que l'intention des gestionnaires des hôpitaux visait la meilleure réalisation de la mission des établissements et que les mesures, d'une certaine manière, visaient par le fait même à permettre un accès équitable aux usagers tout en rendant disponibles les services que ceux-ci pouvaient requérir. Mais dans les trois affaires on doit aussi constater que l'effet des mesures était d'exclure, pour un temps ou de manière définitive, certains usagers qui devaient alors s'adresser à un autre établissement pour obtenir les services que leur état exigeait. Se trouve ainsi posé le conflit entre l'exercice individuel du droit d'accès aux soins et l'organisation d'un système de soins dont l'unique finalité est de rendre accessibles des services mais qui est requis de le faire dans une perspective collective.

La question de l'intersection entre la logique positiviste du droit individuel d'accès aux soins et celle de l'organisation du système de soins a été posée

---

21. [1992] R.J.Q. 2438 (C.A.) confirmant *Samson* c. *Hôpital Laval*, C.S. Québec, 200-05-001087-902, 6 juin 1991, répertorié à J.E. 91-189.

22. L'arrêt de la Cour d'appel a été rendu après l'adoption de la nouvelle version de la loi mais avant l'entrée en vigueur des dispositions destinées à remplacer celles sur lesquelles le litige portait. S'agissant des règles d'utilisation des ressources, le nouveau texte n'a apporté aucune modification significative et l'on peut également soutenir que les modifications apportées au droit d'accès aux soins n'ont pas pour effet de rendre caduque l'opinion de la cour. Voir, et comparer, les articles 71.1 de la loi ancienne et 189 de la loi nouvelle.

dans *l'affaire Vallée c. Foyer du Bonheur Inc.*[23] mais la réponse qui a été apportée, au regard des faits spécifiques de l'espèce, est un peu étonnante. Néanmoins, il faut retenir que, dans l'ordre judiciaire, la prééminence des droit individuels est un acquis qu'il n'est pas évident d'édulcorer. Il serait cependant faux de croire que les tribunaux n'ont pas pris en considération les caractéristiques de notre système de santé et qu'ils n'ont pas cherché à résoudre l'apparente contradiction entre les droits d'un usager et les besoins de la collectivité. Dans au moins trois jugements découlant de litiges qui portaient au premier chef sur le choix par l'usager de l'établissement duquel il souhaitait recevoir des soins[24], les juges ont insisté sur le fait que le droit d'accès aux soins n'emportait pas qu'un établissement soit tenu de fournir des services qu'il ne dispense de toute façon pas. Chacune de ces affaires, certes toujours au regard des fait spécifiques, portait sur l'adéquation des ressources disponibles aux soins requis et, d'une certaine façon, il ne s'agit pas tant d'une question d'accès aux soins que de la qualité de ceux-ci.

Pour autant qu'il soit possible de tirer de la jurisprudence relative au droit d'accès aux soins une approche somme toute généreuse de ce droit et qu'on puisse en inférer que les mesures auxquelles les établissements peuvent avoir recours pour limiter l'exercice de ce droit ne peuvent avoir pour effet d'en nier l'existence, de nombreuses questions posées cette fois-ci dans le forum du système de santé plutôt que dans celui des tribunaux restent ouvertes. La recherche du fondement qui servirait à répondre à ces questions est difficile et les voies ne sont pas encore assez clairement dégagées pour formuler autre chose que des hypothèses.

IV. L'ACCÈS AUX SOINS : DE L'ALLOCATION DES RESSOURCES À L'EXCLUSION

Les principes actuels de gestion des ressources de l'État exigent un degré de prévisibilité budgétaire plus soigneux qu'auparavant. Cette proposition est peut-être un truisme dans un cadre idéologique où le retrait de l'État est devenu un leitmotiv et où l'idée de l'usager-payeur semble désormais acquise par une fraction importante de la classe politique, mais elle impose aux décideurs publics des choix auxquels ils ne sont pas formés. S'agissant du système des soins de santé dont on réitère qu'il doit être universel, accessible et gratuit, le choix de limiter l'offre de services rend encore plus cruciale l'allo-

---

23. [1993] R.J.Q. 494 (C.S.).

24. Voir les affaires : *Turcotte-Gilbert c. Centre hospitalier régional de Beauce*, C.S. Beauce 350-05-000034-841, 9 mars 1984, *Bélanger c. Cité de la Santé de Laval*, [1990] R.J.Q. 1914 (C.S.) et *Paré c. Centre hospitalier de Dolbeau*, C.S. Roberval 155-05-000114-927, 23 novembre 1992.

cation des ressources[25]. Dans un régime budgétaire dit d'enveloppe fermée, le processus doit prévoir une allocation théorique des ressources en fonction de l'identification des besoins d'une collectivité sans que les effets du modèle ne privent un citoyen des droits qui lui sont consentis par la loi ou par le droit.

La gestion politique du système québécois des soins de santé passe par de nombreuses décisions qui, sans remettre en question le choix initial de l'universalité et de l'accessibilité gratuite introduit des modulations, tant au niveau du discours qu'à celui des pratique, qui ont pour effet le retrait de certains services et le transfert de responsabilités sur d'autres agents. À titre de seul exemple des stratégies ainsi retenues, on peut mentionner la technique qui consiste à déplacer, certes implicitement, le coût de plusieurs services diagnostiques pour les faire supporter par les usagers qui, plutôt que de subir les délais imposés par les établissements publics, préfèrent les obtenir auprès de cliniques privées. De même on peut croire qu'on renonce à certains choix technologiques parce qu'il pourrait en résulter des surplus d'investissements dans un secteur donné mettant ainsi en péril le financement d'autres secteurs. Généralement guidés par un souci légitime d'équité, ces choix ne risquent pas moins d'exclure certains citoyens de l'accès aux soins que leur état requiert.

Jusqu'à ce jour, la contestation judiciaire de décisions politiques d'allocation de ressources dans le secteur de la santé n'a pas été clairement posée. Il ne faut probablement pas trop s'en surprendre car, par delà les contraintes économiques et processuelles, la formulation juridique du problème se heurte au fait que le rôle judiciaire des tribunaux ne s'étend pas jusqu'à l'arbitrage des choix politiques sauf lorsque ceux-ci sont assujettis à des normes juridiques formelles. Toutefois, s'il est vrai que le droit d'accès aux soins est sous-tendu par des droits fondamentaux qui sont consacrés dans des textes constitutionnels ou quasi-constitutionnels[26], peut-on attaquer les décisions d'allocation des ressources en invoquant ces droits ?

---

25. Sur la question de l'allocation des ressources, on consultera : A. Lajoie, « La macro-allocation des ressources et le droit aux services de santé », (1990) 20 *Revue de droit de l'Université de Sherbrooke* 231 et L. Lussier, « Le processus d'attribution des ressources par les établissements aux bénéficiaires : impact sur le droit aux services et sur la responsabilité « publique » », (1990) 20 *Revue de droit de l'Université de Sherbrooke* 285.

26. À ce sujet, voir, par exemple, les propos du juge Philipon, rendant jugement dans l'affaire Samson c. Hôpital Laval, C.S. Québec 200-05-001087-902, 6 juin 1991, à la page 58 : « *Si l'on est d'avis que le droit à des soins adéquats fait partie de la sécurité et l'intégrité de la personne et que dans certaines circonstances le choix du médecin fait partie des soins adéquats, il y aurait atteinte à un droit fondamental protégé que d'en interdire l'exercice, sujet aux limites permises pour la préservation de l'ordre public ou du bien-être général des citoyens.* » On pourra aussi consulter : P.A. Molinari, « Réflexions sur les droits fondamentaux et la prestation des soins de santé », dans : *Rapports, VIIIᵉ Congrès mondial de droit médical*, World Association for Medical Law Association of the Czechoslovak Medical Societies, J.E. Pierkyne, Prague, Tchécoslovaquie, 1988, vol. 1, p. 3 et annexe, pp. 35 à 45.

S'agissant des décisions prises par les établissements, la réponse devrait se situer dans le seul cadre de la *Charte québécoise des droits et libertés de la personne* puisqu'il n'est pas absolument évident que la *Charte canadienne des droits et libertés* trouve application[27]. Par ailleurs, au niveau des décisions locales, on sait déjà que les balises fournies par la loi particulière sont, à bien des égards, adéquates. C'est donc plutôt au niveau des allocations régionales[28] et nationales que la question présente un intérêt prospectif. Or, s'il était vrai d'affirmer que certaines décisions politiques peuvent être assujetties au contrôle de constitutionnalité établi par la Charte canadienne, il est singulièrement plus difficile de concevoir un litige dont l'objet permettrait l'exercice d'un tel contrôle.

En effet, le refus d'un établissement de fournir des soins ne dépend pas nécessairement d'une décision corollaire de l'État de fournir à cet établissement tel ou tel autre niveau de financement. L'État, pour sa part, n'est pas un fournisseur de services et, dès lors, il pourrait être difficile d'attaquer des choix d'allocation qui ne sont pas spécifiques alors que le refus de soins, par définition, l'est. La principale difficulté dans la mise en œuvre d'une telle contestation réside, une fois encore, dans les exigences de la preuve d'un lien causal entre la décision budgétaire et la violation d'un droit fondamental, elle-même résultant du refus de donner accès aux soins. Dans l'hypothèse de l'existence d'une telle preuve rien ne semble cependant s'opposer à ce que les tribunaux judiciaires interviennent pour forcer l'État à mettre à la disposition des citoyens les services requis pour que les droits par ailleurs consentis à ceux-ci puissent être exercés et pour que cesse la violation des droits fondamentaux qui résulterait de l'exclusion d'accès.

On aura certes prétendu qu'il n'appartient pas aux tribunaux de s'immiscer dans le processus budgétaire de l'État mais on aura aussi répondu que là n'est pas l'objet de la déclaration judiciaire. Il se peut bien que l'effet d'un jugement sur la conformité d'une action de l'État aux droits fondamentaux soit d'exiger que celui-ci mette en place des mesures qui emportent des allocations budgétaires mais la question des moyens pour atteindre la finalité de protection de droits fondamentaux est strictement accessoire. Plusieurs des

---

27. Sur cette question, voir l'arrêt *Stoffman c. Vancouver General Hospital*, [1990] 3 R.C.S. 483 où l'on a conclu au non assujettissement des hôpitaux à la Charte canadienne. La question de savoir si l'analyse du droit québécois relatif aux centres hospitaliers mènerait à la même conclusion reste ouverte. Voir : Brunelle, C., *L'application de la Charte canadienne des droits et libertés aux institutions gouvernementales*, Scarborough, Carswell, 1993.

28. Il faut rappeler que les régies régionales jouent un rôle déterminant dans l'allocation des ressources aux établissements de leurs territoires, voir les articles 339 et suivants de la *Loi sur les services de santé et les services sociaux*. Par ailleurs, l'interprétation de la loi d'origine avait permis de conclure que les conseils régionaux étaient des mandataires du gouvernement, voir : *Commission des normes du travail c. Le conseil régional des services de santé et des services sociaux de la Montérégie*, [1987] R.J.Q. 341 (C.A.)

décisions de la Cour suprême du Canada qui confirmaient la prééminence du respect des droits fondamentaux ont pu avoir pour effet de forcer l'État à allouer des ressources supplémentaires dans un secteur donné sans qu'il ne s'agisse d'immixtion dans le processus politique d'allocation budgétaire[29].

Par ailleurs, s'il fallait que les mesures gouvernementales sous examen emportent une violation des droits fondamentaux des citoyens exclus d'accès aux soins, il a tout lieu de croire que le débat judiciaire s'engagerait sur le terrain des clauses de justification que les chartes québécoise et canadienne contiennent. Le débat se trouverait ainsi porté là où il appartient de toute façon puisque la justification du rationnement des soins de santé implique justement une analyse sociale de la pertinence et de l'opportunité de ce choix.

S'il est vrai que l'exercice d'un droit est limité à ce qui est exigible et que l'exigibilité n'est pas autrement définie, on doit admettre qu'elle puisse, en cas de litige, être déterminée par les tribunaux. Il est clair qu'aucun tribunal de rendra exigible un service qui n'est pas disponible sauf s'il constate que l'indisponibilité est causée par une décision contraire à la loi ou au droit parce qu' arbitraire, discriminatoire ou irrespectueuse des droits fondamentaux. En fait la question des ressources et de leur disponibilité est implicite et inhérente à la vaste majorité des droits-créance reconnus par la loi au bénéfice des citoyens. Les techniques législatives qui visent à soustraire de l'examen judiciaire le débat sur les ressources et sur leur allocation comportent une large part de mesquinerie. Elles prétendent nier que les systèmes, même les plus généreux, sont générateurs d'exclusion en prétendant faire varier l'aire des droits par de simples décisions discrétionnaires. Il est vrai que les usagers du système de santé ne peuvent prétendre à plus de droits qu'il ne leur est consenti mais il faudrait au moins être clair sur l'étendue de ces droits et avoir le courage d'affirmer qu'on entend les limiter lorsque, de toute façon, c'est ce que l'on fait.

---

29. On prendra pour seul exemple l'affaire *Singh* c. *Ministère de l'emploi et de l'immigration*, [1985] 1 R.C.S. 177.

Les décisions de fin de vie et le respect de l'autonomie de la personne

Denise Tremblay[1]

INTRODUCTION

Le droit de chaque personne de consentir ou de refuser les traitements médicaux qui lui sont proposés est reconnu depuis longtemps par les tribunaux : chacun demeure maître de son propre corps, même si la décision qu'il prend entraîne la mort. Cette liberté de pouvoir prendre des décisions, tout comme le droit à la vie, à la sécurité, à l'intégrité et à l'inviolabilité de la personne, est consacrée dans les Chartes des droits et libertés canadienne et québécoise[2], ainsi que dans le *Code civil du Québec*[3]. Les décisions de fin de vie doivent donc être respectées en fonction de ces droits.

Par ailleurs, il faut reconnaître les bienfaits de la médecine moderne qui permet aujourd'hui d'endiguer plusieurs maladies et de prolonger la vie bien au-delà de ce qui était possible il n'y a pas si longtemps. Cependant, les nouvelles techniques médicales soulèvent également des questions de plus en plus complexes relatives à la qualité de vie des malades. Faut-il aller jusqu'à « retenir les patients à la vie » par la force, contre leur propre volonté ? Est-ce qu'ils sont condamnés à vivre à tout prix, jusqu'à ce qu'une mort naturelle les emporte ?

La question qui nous préoccupe aujourd'hui peut donc se résumer ainsi : l'autonomie de la personne, respectée en matière de refus et de cessation de

---

1. Denise Tremblay est avocate et agente de recherche au Centre de recherche en droit public.
2. *Charte des Droits et Libertés*, Loi de 1982 sur le Canada (R.-U.), c. 11, article 7 ; *Charte des Droits et Libertés de la Personne*, L.R.Q. c. C-12, article 1.
3. *Code civil du Québec*, L.Q. 1991 c.64, article 3 et 10.

traitement, devrait-elle aussi l'être lorsqu'un malade en phase terminale d'une maladie incurable choisit de devancer le moment de sa mort ?

Afin de mieux cerner cette question fort vaste, nous procéderons par une analyse de trois jugements qui permettra de comprendre comment les tribunaux interprètent le droit à l'autonomie de la personne en matière de décisions de fin de vie. La première partie portera sur la question de l'autonomie de la personne dans le contexte du refus et de la cessation de traitement. Nous nous arrêterons sur l'affaire *Malette* c. *Shulman*[4] qui soulève la question de la liberté de choisir ou de refuser un traitement médical en relation avec le respect des convictions religieuses, avant de porter notre attention sur l'affaire *Nancy B.* c. *Hôtel-Dieu de Québec*[5] qui vient confirmer l'état du droit en matière de cessation de traitement. En deuxième partie, nous nous attarderons sur la question de l'autonomie dans le contexte de l'euthanasie et du suicide médicalement assisté, en nous appuyant sur le jugement de la Cour suprême du Canada *Rodriguez* c. *Colombie Britanique (P.G.)*[6]. Enfin, nous terminerons notre propos en mettant en relief les convergences et les divergences d'opinions soulevées dans ces trois jugements.

I.   LE RESPECT DE L'AUTONOMIE ET LE DROIT DE REFUSER LES TRAITEMENTS MÉDICAUX

Le droit de refuser et de cesser les traitements médicaux a subi une évolution considérable depuis les deux dernières décennies. On reconnaît aujourd'hui que même si un patient n'est pas atteint d'une maladie mortelle, il a le droit de refuser un traitement et ce, même si un tel choix risque d'engendrer la mort (section 1). Par ailleurs, toute personne demeure libre de choisir de continuer ou de refuser les techniques médicales qui la maintiennent en vie (section 2).

1.   L'affaire *Malette* c. *Shulman*

Un jugement de la Cour d'appel de l'Ontario, l'affaire *Malette*, attire tout d'abord notre attention. Cette affaire concerne le cas d'une patiente qui, par conviction religieuse, refusait les transfusions sanguines. Victime d'un accident de la route, elle fut transportée à l'hôpital dans un état d'inconscience. Jugeant que sa vie était en danger à cause d'une importante perte de sang, le médecin ordonna une transfusion sanguine. Cependant, une infirmière retrouva sur elle une carte attestant de son adhésion au groupe des Témoins de Jehovah et de son refus de recevoir toute transfusion sanguine ; elle en avisa le

---

4. (1990) 72 O.R. 417 (C.A. Ont.). (ci-après l'affaire Malette).
5. (1992) R.J.Q. 361 (C.S.). (ci-après l'affaire Nancy B.).
6. [1993] 3 R.C.S. 519. (ci-après l'affaire Rodriguez.).

médecin. Considérant que son devoir lui dictait de sauver la vie de sa patiente, le médecin maintint toutefois sa décision et administra lui-même les transfusions. Madame Malette le poursuivit en justice, alléguant que l'administration de transfusions sanguines contre son consentement constituait une négligence et des voies de fait qui entraînaient la responsabilité civile du médecin.

La Cour d'appel insiste sur l'importance du respect du droit à l'autonomie de la personne et rappelle que toute personne est libre de refuser tout traitement médical qui lui est proposé ; elle demeure maître de son propre corps. Un tel principe est reconnu depuis longtemps en *common law*. En effet, un ancien jugement américain témoigne de l'importance de la liberté de choix et du respect de l'autonomie de la personne :

> Toute personne humaine, adulte et saine d'esprit, a le droit de déterminer ce qui doit être fait de son propre corps ; un chirurgien qui pratique une opération chirurgicale sans le consentement du patient commet des voies de fait pour lesquelles il est responsable[7]. [Traduction]

Le droit de refus s'étend même aux traitements qui peuvent être bénéfiques et qui peuvent sauver la vie du patient. On comprend ainsi que les décisions prises par une personne saine d'esprit qui fait un choix libre et éclairé ne doivent pas être supplantées par celles des autres.

La doctrine du consentement libre et éclairé est établie dans deux jugements importants de la Cour suprême du Canada[8]. Celle-ci précise que, pour être valable, le consentement doit être donné par une personne adulte et compétente, agissant en toute liberté et ayant reçu toutes les informations adéquates de la part de son médecin. C'est pourquoi un médecin qui déroge à son devoir d'information ou qui agit à l'encontre de la décision du patient, même si celle-ci entraîne des risques sérieux pour sa vie et est considérée comme erronée par la profession médicale ou par la communauté, commet un manquement qui entraîne sa responsabilité, même s'il agit de bonne foi en voulant préserver la vie de son patient. Le droit à l'autonomie de la personne, et donc la liberté de faire des choix conformément à ses propres valeurs personnelles, l'emporte donc sur les opinions et les valeurs du médecin[9].

Par ailleurs, la Cour d'appel reconnaît que l'État a le devoir de préserver la vie et la santé de ses citoyens et de protéger l'intégrité de la profession médicale ; il peut exister certaines circonstances dans lesquelles l'intérêt de

---

7. *Schloendorff* v. *Society of New York Hospital*, 211 N.Y. 125 (1914) : «Every human being of adult years and sound mind has a right to determine what shall be done with his own body ; and a surgeon who performs an operation without his patient's consent commits an assault, for wich he is liable in damages».

8. *Reibl* c. *Hugues*, [1980] 2 R.C.S. 880 ; *Hopp* c. *Lepp*, [1980] 2 R.C.S. 192.

9. *Malette* c. *Shulman*, précitée, note 4, p. 424.

l'État peut l'emporter sur la liberté de l'individu. Toutefois, elle précise que le droit à l'autodétermination d'une personne adulte et compétente supplante l'intérêt de l'État et que celui-ci ne doit pas servir à limiter la liberté de choix des patients[10].

La Cour arrive à la conclusion qu'un médecin ne peut être trouvé coupable d'avoir violé son devoir légal et sa responsabilité professionnelle lorsqu'il honore la carte des Témoins de Jehovah et respecte leur droit de faire des choix personnels. De plus, elle ajoute que les personnes qui font de tels choix doivent en accepter les conséquences ; si des résultats malheureux s'ensuivent, elles en sont les seules responsables et non les médecins[11]. Étant donné que dans le cas en litige, le médecin avait agi de bonne foi et en toute conscience professionnelle, il n'est pas reconnu coupable de négligence et de voies de fait. Néanmoins, la Cour le condamne à payer des dommages pour les souffrances psychologiques et émotives subies par la patiente et qui affectent sa dignité personnelle et sa qualité de vie.

Il est intéressant de souligner que ce jugement apporte un élargissement important de la notion de qualité de vie. En effet, la Cour insiste sur le fait que cette notion, habituellement reliée à l'aspect physique de la personne, comprend également la vie psychologique du patient. Par conséquent, les traumatismes d'ordre émotif et psychologique doivent être pris en considération lorsque le droit à l'autonomie de la personne n'est pas respecté.

On comprend de ce jugement que toute personne saine d'esprit et offrant un consentement libre et éclairé a le droit de faire des choix concernant sa propre vie, même s'ils peuvent entraîner la mort. D'une part, un tel choix ne peut être considéré comme un suicide, puisque l'intention du malade n'est pas de mettre fin à ses jours. D'autre part, le fait que le médecin respecte sa liberté de choix ne peut être considéré comme de l'aide au suicide ou de l'euthanasie[12]. Au contraire, c'est dans le cas où le médecin ferait fi de la décision de son patient de refuser un traitement qu'il pourrait se rendre coupable de voies de fait. C'est ce qui est réaffirmé dans le jugement de la Cour supérieure du Québec que nous analyserons maintenant.

2. L'affaire *Nancy B.* c. *Hôtel-Dieu de Québec*

On se souvient du grand débat médiatique qui avait entouré l'affaire *Nancy B.* en 1992. Rappelons succinctement les faits. Atteinte du syndrome de Guillain-Barré qui la laissait complètement paralysée et ne lui offrait aucun espoir de guérison, cette jeune femme n'était maintenue à la vie que par un respirateur.

---

10. *Id.*, pp. 429-430.
11. *Id.*, p. 434.
12. *Id.*, p. 428.

Confinée à son lit d'hôpital, elle pouvait vivre ainsi pendant plusieurs années. Toutefois, estimant qu'elle n'avait plus aucune qualité de vie, elle avait souvent discuté avec son médecin, le personnel infirmier et sa famille de son intention de cesser tout soutien respiratoire afin, souhaitait-elle, de mourir dignement. Avant de se conformer aux vœux de la patiente, le médecin et l'hôpital ont préféré requérir l'autorisation du tribunal.

Le tribunal rappelle tout d'abord que toute personne adulte et compétente est libre de choisir de ne pas commencer ou de ne pas continuer un traitement médical. La conséquence du droit de consentir librement à des traitements médicaux est donc celle de ne pas y consentir, c'est-à-dire de les refuser[13]. Il insiste sur l'importance d'obtenir la preuve que la patiente jouit de toutes ses facultés mentales et qu'«elle est en mesure de prendre des décisions et d'en saisir la portée»[14], pour ensuite vérifier si son consentement est totalement libre et bien éclairé. Ceci implique qu'elle doit avoir reçu toute l'information concernant sa maladie, incluant les possibilités de traitements s'ils existent, les techniques de soulagement, leurs conséquences, ainsi que celles d'une cessation de traitement. Le devoir de renseignement du médecin doit donc être rempli avec précaution et professionnalisme : «[l]e médecin a l'obligation d'informer le patient à un point tel que ce dernier puisse donner un consentement éclairé à tout soin qui lui est proposé»[15]. Ce n'est qu'après la démonstration d'une telle preuve que l'on doit respecter la décision du patient. Dans le cas présent, la preuve démontre que ce n'est qu'après avoir été bien informée de l'incurabilité de sa maladie et de l'irréversibilité de son état que la patiente a décidé de mettre fin au soutien respiratoire qui la maintenait en vie. À maintes reprises, elle a réaffirmé sa détermination et le caractère irrévocable de sa décision.

Les conditions de validité du consentement étant remplies, le juge se demande ensuite si le droit au refus de traitement peut s'étendre à un refus qui entraîne la mort à coup sûr. Est-ce que le droit à l'autodétermination peut comprendre la cessation d'un traitement de soutien respiratoire pour que « la nature suive son cours » ? Il rappelle que Nancy B. demande «qu'on la libère de l'esclavage d'une machine, sa vie dût-elle en dépendre. Pour que cela soit fait, incapable de le réaliser elle-même, il faut l'aide d'un tiers. Là et alors, c'est la maladie qui suivra son cours naturel»[16].

Par ailleurs, le juge mentionne avec justesse que «[l]e droit criminel de tradition britannique protège la vie humaine et la reconnaît comme l'une des

---

13. *Nancy B.* c. *Hôtel-Dieu de Québec, précitée,* note 5, p. 364.
14. *Id.,* p. 363.
15. *Id.,* p. 364.
16. *Id.,* p. 365.

valeurs fondamentales de la société lorsqu'il traite des infractions contre la personne»[17]. Est-ce que le médecin qui interrompt le soutien respiratoire d'un patient, suite à sa demande, et sachant qu'un tel geste entraînera sa mort, démontre une conduite déréglée et téméraire qui pourrait entraîner sa responsabilité criminelle ? Faut-il considérer un telle action comme une aide au suicide ? Dans la cause qui nous concerne, le juge insiste sur le fait qu'après la cessation du soutien respiratoire, c'est la maladie elle-même qui suivra son cours et sera la cause de la mort ; il n'est nullement question de suicide ou d'aide au suicide dans une telle situation.

Enfin, le tribunal conclut en autorisant le médecin traitant à respecter la décision de sa patiente et à cesser son soutien respiratoire. Il assortit cependant cette autorisation de deux conditions : tout d'abord, il émet un délai dans le but de respecter le délai de droit d'appel et ensuite, il exige que le consentement de la patiente soit vérifié de nouveau avant que tout acte ne soit posé[18].

En résumé, on retient que dans les décisions de refus et de cessation de traitement, aucune responsabilité civile ou criminelle ne peut être retenue contre le médecin et l'hôpital lorsqu'ils respectent la liberté de choix des patients : il ne s'agit pas d'une aide médicale au suicide ni d'euthanasie, puisque la mort sera causée par la maladie elle-même. En somme, il s'agit de « laisser mourir » un patient de sa maladie, sans intervenir pour prolonger sa vie.

La décision *Nancy B.* a donc le mérite de clarifier l'état du droit et de privilégier le respect du droit à l'autodétermination du patient. Tout comme l'affaire *Malette*, elle s'incrit dans l'optique du respect de la dignité et de la liberté de la personne. Ces jugements insistent sur le droit pour le patient de prendre les décisions de son choix, peu importe la gravité de sa maladie et l'existence ou non d'un traitement qui peut le guérir ou le maintenir en vie. Le droit de refuser un traitement, même nécessaire au maintien de la vie, est primordial et supérieur au devoir de l'État de protéger la vie. C'est la conception que le patient a de sa propre vie, tenant compte de ses priorités, de ses aspirations, de ses valeurs morales, qui doit primer. Il faut donc se préoccuper de faire la distinction entre la recherche d'une réponse médicale à une situation particulière et le respect de l'autonomie du patient.

Le respect de l'autonomie et de la liberté de choix peut-il dès lors comprendre le droit, pour un patient rendu dans la phase terminale de sa maladie, de pouvoir choisir de devancer le moment de sa mort ? Le droit de mourir dans la dignité devrait-il inclure le droit de cesser de vivre avant que la mort « naturelle » ne fasse son œuvre ?

---

17. *Id.*
18. *Id.*, p. 367.

II. LE RESPECT DE L'AUTONOMIE ET L'EUTHANASIE

Les décisions de fin de vie exigent, nous l'avons vu, le respect de la dignité humaine et de l'autonomie personnelle. Cependant, plusieurs questions se posent lorsqu'il s'agit de choisir de mourir, non pas en refusant un traitement disponible qui peut même s'avérer bénéfique, mais en devançant une mort prochaine parce qu'aucun traitement n'existe. La Cour suprême du Canada s'est penchée sur ces questions dans l'affaire *Rodriguez* et a conclu, par une faible majorité, que le droit à l'autonomie doit être restreint lorsque nous sommes en présence d'une demande de suicide médicalement assisté et d'euthanasie (section 1). En faisant un rapprochement entre les trois décisions à l'étude, il sera ensuite possible d'en circonscrire quelques arguments convergents et divergents et se demander si les extensions qu'a subi le droit à l'autonomie peuvent conduire à un élargissement de la loi face à l'euthanasie et au suicide médicalement assisté (section 2).

1. L'affaire *Rodriguez* c. *Colombie-Britanique (P.G.)*

L'affaire *Rodriguez* a ravivé le débat sur l'étendue du droit à l'autonomie de la personne. Rappelons simplement les faits. Sue Rodriguez était atteinte de sclérose latérale amyotrophique, une maladie dégénérative incurable ; son espérance de vie était très courte et elle voulait choisir de devancer le moment de sa mort au moment choisi par elle. Elle voulait contrôler la fin de sa vie ; elle voulait contrôler sa mort. Voyant que son état de santé se détériorait rapidement, elle réclamait qu'un médecin soit autorisé à lui donner les moyens nécessaires pour mettre un terme à sa vie lorsqu'elle ne pourra plus se suicider elle-même et que la fin sera proche. Elle demandait donc au tribunal d'invalider la disposition générale du *Code criminel* interdisant toute aide au suicide[19], sans prévoir d'exception pour les malades en phase terminale, contrevenant ainsi aux droits garantis par la *Charte canadienne*[20]. Sa requête fut rejetée.

On observe une grande divergence d'opinions chez les juges de la Cour suprême, divergence qui illustre bien celle qui existe dans la population. En effet, c'est par une faible majorité de cinq juges que la Cour arrive à la conclusion que la disposition du Code criminel ne contrevient pas aux droits garantis par la *Charte canadienne*. Les quatre juges minoritaires soutiennent au contraire qu'il y a violation de ces mêmes droits. Arrêtons-nous sur quelques-uns des arguments soulevés.

Le jugement majoritaire réaffirme tout d'abord que la sécurité de la personne, garanti par l'article 7 de la *Charte canadienne*, se trouve liée à la notion

---

19. *Code criminel*, L.R.C. (1985), c. C-46, article 241 b).
20. Précitée, note 2.

d'autonomie personnelle et ainsi, au droit de faire des choix concernant sa propre personne. Le droit à l'autonomie comprend donc le respect de la dignité humaine et le droit de contrôle sur sa propre intégrité physique et mentale[21]. Le droit à la vie étant également un droit garanti par la *Charte*, la Cour ajoute que l'État a aussi le devoir de protéger la vie de ses citoyens et que le principe du caractère sacré de la vie prévaut sur la liberté de choisir la mort[22].

De plus, la Cour met en doute la validité du consentement du malade en phase terminale et affirme qu'une plus grande permissivité risquerait que l'euthanasie ne dégénère vers l'euthanasie de personnes non consentantes. La loi ne peut faire des exceptions sans risquer que des abus puissent être commis et puissent servir de couverture au meurtre. Il faut donc tenir compte de la vulnérabilité des personnes malades. L'interdiction générale de l'aide au suicide s'avère dès lors bien fondée et c'est pourquoi le droit à l'autonomie doit être supplanté par le devoir de l'État de protéger la vie de ses citoyens.

Enfin, la Cour préfère maintenir la distinction entre le fait de « laisser mourir » un patient qui refuse un traitement et le fait de le « faire mourir » en devançant le moment de sa mort. Dans cette dernière situation, elle soutient qu'il s'agit réellement d'un homicide, et donc d'un acte criminel, car «le cours de la nature est interrompu, et la mort résulte <u>directement</u> de l'action humaine», contrairement à la cessation de traitement où la mort est « naturelle »[23].

Pour leur part, les juges dissidents estiment que le droit à l'autonomie doit être préservé et ne doit pas être annihilé lorsqu'un patient en phase terminale d'une maladie a besoin de l'aide d'un médecin pour mettre fin à sa vie. Ils réfutent les arguments de la majorité qui craint qu'un élargissement de la loi ferait courir le risque que le consentement du patient ne soit pas réellement libre et pourrait conduire à des meurtres déguisés. En effet, d'autres dispositions du *Code criminel* protègent les personnes vulnérables et la preuve du consentement libre et éclairé est tout aussi valable dans un cas comme celui-ci que dans d'autres situations. On peut donc difficilement soutenir que la crainte des abus hypothétiques puisse justifier la portée excessive de la loi.

C'est pourquoi le juge McLachlin considère que l'«on demande à Sue Rodriguez de porter le poids du risque que d'autres personnes, dans d'autres circonstances, agissent criminellement [...]. On lui demande d'être le bouc émissaire»[24]. En effet, imposer, contre sa volonté, une mort atroce et douloureuse à un malade en phase terminale d'une maladie incurable constitue une

---

21. *Rodriguez c. Colombie Britanique (P.G.)*, *précitée*, note 6, p. 588.
22. *Id.*, p. 585.
23. *Id.*, p. 606.
24. *Id.*, p. 621.

insulte à la dignité humaine. Comme l'exprime le juge Corey : «le droit de mourir dans la dignité devrait être aussi bien protégé que n'importe quel autre aspect du droit à la vie»[25].

Contrairement aux juges majoritaires, les juges dissidents ne croient pas qu'il faille faire une distinction étanche entre la cessation de traitement et l'aide médicale au suicide ; les deux moyens permettent «à une personne saine d'esprit de mettre fin à sa vie avec dignité»[26].

2. Convergences et divergences

L'analyse de ces trois décisions permet de dresser un tableau comparatif intéressant de l'interprétation du droit à l'autonomie de la personne, selon qu'il s'agisse d'un refus et d'une cessation de traitement ou d'une demande de suicide médicalement assisté et d'euthanasie. On peut faire ressortir quelques-uns des points importants qui y sont soulevés et observer comment ils sont appliqués selon les circonstances.

1. Dans l'affaire *Rodriguez*, on insiste sur l'importance de respecter le caractère sacré de la vie et sur le devoir de l'État d'y veiller. Tout en reconnaissant que ce principe n'est pas absolu, la Cour est d'avis qu'il interdit toute action visant à abréger la vie d'un patient en phase terminale[27]. Ce respect de la vie vient donc supplanter le droit à l'autonomie de la personne et sa liberté de faire des choix concernant son propre corps.

   Par ailleurs, les affaires *Malette* et *Nancy B.* démontrent que la liberté de choix prévaut sur le caractère sacré de la vie et qu'elle est absolue lorsque la décision est prise par une personne compétente qui offre un consentement libre et éclairé. N'est-il pas contradictoire que d'un côté, on prône la valeur intrinsèque de la vie, alors que de l'autre, on choisisse de ne pas donner préséance à cette même valeur ?

2. Dans l'affaire *Rodriguez*, on reconnaît l'importance du droit à l'autonomie de la personne, mais on préfère maintenir la prohibition générale prévue au *Code criminel* à cause des risques d'abus que l'acceptation d'exceptions pourrait engendrer et ce, même s'il s'agit de patients compétents qui offrent un consentement libre et éclairé. En effet, on craint que le consentement puisse ne pas être aussi libre qu'il n'y paraît.

   Par ailleurs, la crainte des risques d'abus n'est pas invoquée dans les décisions de refus et de cessation de traitements pour venir limiter la liberté de choix. Ne pourrait-il pas également exister de tels risques dans ces cas ? Ne pourrait-on pas soupçonner, comme l'affirme un auteur américain, que dans

---

25. *Id.*, p. 630.
26. *Id.*, p. 624.

certaines situations, il puisse exister des dangers qu'un endoctrinement anéantisse un choix véritable[28] ? Si l'on craint que les critères de validité du consentement ne soient pas rencontrés en matière d'euthanasie, pourquoi le sont-ils dans les autres situations ? Pour être logique, ces mêmes craintes devraient exister dans tous les cas. Dans les trois décisions discutées aujourd'hui, les patientes étaient parfaitement lucides et offraient un consentement libre et éclairé : la première avait choisi librement ses convictions religieuses alors qu'elle était en possession de toutes ses facultés mentales et les deux autres avaient longuement réfléchi à leur décision. Les trois demeuraient totalement responsables des conséquences de leur décision. Pourtant, le poids accordé à leur droit à l'autonomie et à la valeur de leur décision n'est pas le même.

3. Dans les affaires *Malette* et *Nancy B.*, on insiste sur le fait que les convictions personnelles doivent primer sur celles des autres ; c'est la valeur que le patient a de sa propre vie qui l'emporte, même devant la possibilité de traitements pouvant lui sauver la vie ou le maintenir en vie.

Par ailleurs, alors que Sue Rodriguez avait la conviction qu'il valait mieux devancer une mort imminente que de continuer à vivre si diminuée et souffrante, elle a été obligée de continuer à survivre contre sa volonté. Le droit actuel reconnaît le droit de ne pas être contraint de continuer à vivre contre sa volonté uniquement dans la situation de celui qui choisit de refuser ou d'interrompre ses traitements ; il ne sanctionne pas un « droit à la mort » comme tel[29]. Mais qu'arrive-t-il lorsqu'il n'existe aucun traitement médical et qu'un patient atteint d'une maladie incurable est condamné à mourir à plus ou moins brève échéance ? Est-il contraint à survivre contre sa propre volonté ? À l'instar du juge McLachlin on peut se demander :

> [Q]uelle valeur y a-t-il à une vie sans choix de faire ce qu'on veut faire de sa propre vie ? La vie d'une personne inclut sa mort. [...] Pour certains, la possibilité de choisir de mettre fin à sa vie avec dignité est infiniment préférable aux douleurs et à l'amoindrissement inévitable d'un déclin long et lent[30].

4. Comment concilier les conclusions de ces trois jugements ? Les tribunaux fondent leurs arguments sur la nature des actions qu'elles engendrent. En effet, c'est l'action de « laisser mourir » une personne d'une mort dite « naturelle » et l'action de la « faire mourir » que l'on distingue. En somme,

---

27. *Id.*, p. 599.

28. M.J. Wreen, «Autonomy, Religious Values, and Refusal of Lifesaving Medical Treatment», (1991) 17 (3) *Journal of Medical Ethics*, 124-130. L'auteur fait entre autre référence aux sectes ; les personnes qui se font endoctriner agissent-elles vraiment librement ?

29. Jean-Louis Baudouin, «La liberté du patient devant le traitement et la mort», dans *Perspectives canadiennes et européennes des droits de la personne*, sous la direction de D. Turp et G.A. Beaudoin, Cowansville, éd. Yvon Blais, 1984, 505, p. 520.

30. *Rodriguez c. Colombie Britanique (P.G.)*, précitée, note 5, p. 624.

c'est dans l'intention de la personne qu'est établie la distinction[31]. On considère que Nancy B. ne veut pas se suicider ; son intention est de ne pas être maintenue à la vie artificiellement. Par ailleurs, l'intention de Sue Rodriguez est de se suicider avant que la mort naturelle ne fasse son œuvre. C'est pourquoi le droit à la liberté de choix se trouve restreint chez le patient qui choisit de devancer le moment de sa mort, même s'il ne peut bénéficier d'aucun traitement médical pouvant lui sauver la vie et que sa mort est prévue à plus ou moins brève échéance, et même si ce choix est tout autant volontaire que celui fait par un patient qui refuse un traitement. Cependant, est-il permis de se demander s'il est si « naturel » de laisser sciemment mourir une personne en ne lui administrant pas les soins que les techniques médicales actuelles peuvent lui offrir ?

CONCLUSION

À la lumière de ces trois décisions, on peut conclure que toute personne adulte et compétente qui offre un consentement libre et éclairé a le droit de prendre des décisions concernant sa propre vie. Son droit à l'autonomie est quasi-absolu lorsqu'il choisit de refuser ou de cesser un traitement médical, même si elle n'est pas atteinte d'une maladie fatale et n'est pas en phase terminale et même si la mort en résulte. Imposer un traitement contre sa volonté constitue donc une atteinte à son intégrité, à sa sécurité et à sa liberté. En somme, on dit qu'il s'agit d'un droit « quasi-absolu » en ce sens qu'il n'est limité qu'à partir du moment où il commence à nuire aux autres ; comme l'on craint que l'euthanasie et le suicide médicalement assisté n'engendrent des abus et ne protègent pas les personnes vulnérables, on restreint donc les droits des patients qui expriment une telle demande.

Actuellement, l'aide à la mort, que ce soit sous la forme d'une aide au suicide ou d'euthanasie, se pratique en catimini, sans aucune forme de contrôle. En tant que société responsable, pouvons-nous nous permettre de continuer à fermer les yeux sur ces actions ? Les malades atteints d'une maladie incurable et rendus à sa phase terminale sont-ils condamnés à survivre contre leur volonté ? Ne serait-il pas plus prudent d'établir des paramètres visant à permettre ouvertement l'euthanasie et l'aide médicale au suicide dans certaines circonstances ? Est-il possible de prévoir des situations d'exception pour des malades qui, comme Sue Rodriguez, sont en mesure de prendre des décisions de façon libre et éclairée ? Ce ne sont que quelques-unes des questions sur lesquelles notre société a le devoir de se pencher en cette fin de siècle qui

---

31. *Id.*, p. 607.

a permis de révolutionner les techniques médicales en repoussant les frontières de la mort. Des réponses strictement légales ne peuvent certes pas s'imposer à un problème humain relevant tant de l'ordre éthique, philosophique,
moral et médical, que juridique et politique.

L'état de santé ou le handicap : a-t-on vraiment le choix ?

Daniel Carpentier[1]

La notion d'état de santé n'est pas inscrite comme telle dans la *Charte des droits et libertés de la personne*[2] à titre de motif de discrimination interdit. On recourt plutôt à la notion de handicap. Les développements de la médecine sous divers aspects, mais principalement les aspects technologiques, font en sorte que nous sommes confrontés à des situations où l'état de santé d'une personne est de plus en plus utilisé pour prendre des décisions à son égard. C'est particulièrement le cas dans le domaine de l'emploi. L'abondance de la main-d'œuvre disponible et les coûts liés aux absences pour cause de maladie suscitent, entre autres, un intérêt grandissant pour l'expertise médicale à des fins de sélection des employés. C'est pourquoi l'examen de la définition du handicap dans la *Charte*, définition constamment remise en question par les tribunaux, devient très importante dans le domaine de l'emploi. En effet, permettre d'exercer de la discrimination en fonction de l'état de santé d'une personne risque de rendre illusoire l'interdiction de la discrimination fondée sur le handicap dans le domaine de l'emploi. C'est cette dimension spécifique de l'exercice en toute égalité des droits de la personne que le présent exposé entend explorer.

I. DE LA PERSONNE HANDICAPÉE AU HANDICAP

Lors de son adoption en 1975, la *Charte des droits et libertés de la personne* n'interdisait pas la discrimination à l'égard des personnes handicapées. Ce n'est

---

1. Daniel Carpentier est conseiller juridique à la Direction de la recherche de la Commission des droits de la personne et des droits de la jeunesse du Québec.
2. *Charte des droits et libertés de la personne*, L.R.Q. c. C-12.

qu'en 1979, lors de l'entrée en vigueur de la *Loi assurant l'exercice des droits des personnes handicapées*[3], que la *Charte* fut modifiée par l'ajout à l'article 10 du motif suivant : *le fait qu'elle est une personne handicapée ou qu'elle utilise quelque moyen pour pallier son handicap*. Ce motif fut interprété par les tribunaux en fonction de la définition de personne handicapée que l'on trouve à l'alinéa 1g) de la *Loi assurant l'exercice des droits des personnes handicapées* :

> Toute personne limitée dans l'accomplissement d'activités normales et qui, de façon significative et persistante, est atteinte d'une déficience physique ou mentale ou qui utilise régulièrement une orthèse, une prothèse ou tout moyen pour pallier son handicap.

À partir de cette définition, on a conclu que pour qu'il y ait discrimination il fallait que la personne soit limitée dans l'accomplissement de ses activités normales et soit atteinte d'une déficience physique ou mentale de façon significative et persistante[4]. Cette approche impliquant la preuve de l'existence d'un tel handicap, on fut alors porté à dresser une liste des atteintes physiques ou mentales qui en constituaient. Ainsi, on a pu reconnaître que constituaient des handicaps le syndrome de Down[5], la perte d'un pied ou d'une jambe[6] et une scoliose entraînant une claudication[7]. De même, l'assistance d'un chien-guide pour une personne aveugle fut assimilée à un moyen pour pallier ce handicap[8]. À l'inverse, les tribunaux ont estimé acceptable le congédiement d'un employé souffrant d'obésité dans la mesure où ce dernier affirmait que son état ne l'empêchait pas de vivre normalement[9]. Ainsi, une fracture à un membre[10], le diabète[11], l'épilepsie[12] ou une vision monoculaire[13] ne font pas des personnes ainsi affectées des personnes handicapées.

---

3. *Loi assurant l'exercice des droits des personnes handicapée*, L.Q. 1978 c.7, article 112, L.R.Q. c. E-20.1.

4. *Commission des droits de la personne du Québec c. Ville de Montréal-Nord*, (1990) R.J.Q. 2765 (C.A.).

5. *Re Goyette*, (1983) C.S. 429.

6. *Drouin c. Régie de l'assurance automobile du Québec*, (1990) R.J.Q. 899 (C.Q.).

7. *Commission des droits de la personne du Québec c. Boutiques du tricot Jobin Inc.*, (1983) C.P. 234.

8. *Commission des droits de la personne du Québec c. Vithoulkas*, (1982) C.P. 285 ; *Commission des droits de la personne du Québec c. Bar La Divergence*, (1994) R.J.Q. 847 (T.D.P.Q.) et *Commission des droits de la personne c. 2858029 Canada Inc (Barbie's Restaurant)*,T.D.P.Q. Montréal, 500-53-000007-953, 24 octobre 1995, j. Michael Sheehan.

9. *Commission des droits de la personne c. Héroux*, (1981) C.H.R.R. 388 (C.P.) ; *Commission des droits de la personne du Québec c. Cité de Côte St-Luc*, (1982) C.S. 795.

10. *Commission des droits de la personne du Québec c. Ville de Laval*, (1983) C.S. 961.

11. *Commission des droits de la personne du Québec c. Ville de Montréal-Nord*, (1990) R.J.Q. 2765 (C.A.).

12. *Commission des droits de la personne du Québec c. Paquet*, (1981) C.P. 78.

13. *Huppe c. Régie de l'assurance automobile du Québec*, J.E. 84-303 (C.P.).

Un des principaux arguments pour écarter l'application de l'article 10 à l'endroit des personnes n'ayant pas un *véritable* handicap a été formulé par le juge Claude Benoît dans l'affaire *Commission des droit de la personne* c. *Ville de Laval*[14]. Selon le juge Benoît, la définition du handicap ne saurait reposer sur une appréciation subjective des limitations découlant de l'état d'une personne :

> Il n'en est pas ainsi dans le cas d'une personne handicapée car ce que prohibe la Charte, c'est d'exercer de la discrimination à l'égard d'une personne qui est de fait handicapée. Il n'est plus question ici de perception subjective de l'employeur[15].

Les personnes qui se considéraient victimes de discrimination devaient donc démontrer qu'elles étaient significativement limitées dans l'accomplissement de leurs activités normales bien que ces limitations ne les empêchent pas d'occuper un emploi déterminé. Cette preuve devenait soit très difficile, soit impossible à faire et menait à des conséquences pour le moins étranges. Ainsi, une personne ayant une anomalie physique ou mentale ne la limitant pas dans ses activités normales pouvait se voir refusé un emploi ou congédiée alors qu'une personne ayant une anomalie du même type mais plus prononcée, était considérée comme une personne handicapée et bénéficiait en conséquence de la protection de la *Charte*. Face à cette situation, à la limite absurde, du moins dans le domaine de la discrimination en emploi, la Commission des droits de la personne a réclamé une modification à l'article 10 de la *Charte*. Depuis le 1er octobre 1983, l'expression « *le fait qu'elle est une personne handicapée ou qu'elle utilise quelque moyen pour pallier son handicap* » a été remplacée par « *le handicap ou l'utilisation d'un moyen pour pallier ce handicap* ».

La Commission a défini le handicap comme :

> un désavantage résultant d'une déficience, soit une perte, une malformation ou une anomalie d'un organe, d'une structure ou d'une fonction mentale, psychologique, physiologique ou anatomique[16].

La déficience ne constitue donc un handicap que si un désavantage en résulte. Sans souhaiter établir une catégorisation définitive des types de désavantage, la Commission constate que deux catégories de désavantages peuvent être considérés. Il s'agit des désavantages qui résultent de la limitation dans l'accomplissement d'activités quotidiennes et de ceux liés au fardeau qu'impose le traitement ou la compensation des effets de la déficience. Dans le premier cas, la déficience a une conséquence directe sur les activités d'une personne faisant face à des limitations par rapport à des conditions normales

---

14. *Commission des droits de la personne du Québec* c. *Ville de Laval*, précitée, note 10.

15. *Id.*, p. 966.

16. Voir Commission des droits de la personne, *Les notions de déficience et de désavantage dans la définition du motif handicap*, (Françoise Schmitz), 5 décembre 1986.

d'action. Le fait de devoir se déplacer en fauteuil roulant serait ici un exemple pertinent. La deuxième catégorie concerne plutôt le cas de la personne qui doit assumer un contrôle ou un suivi régulier de sa déficience afin d'en neutraliser les effets. La prise de médicaments dans le cas d'une personne souffrant du diabète ou d'épilepsie est un bon exemple.

L'interdiction de la discrimination fondée sur le handicap s'étend aussi à un troisième phénomène, soit celui de la perception d'un handicap. À cet égard, la Commission considère dans son Avis émis en 1986 deux types de perception :

> D'une part, un diagnostic erroné entraîne la perception d'une déficience qui, en réalité, n'existe pas avec comme conséquence que la personne sera traitée comme ayant une déficience ; la perception ayant, en quelque sorte, une fonction attributive.
>
> [...]
>
> D'autre part, une déficience qui n'entraîne ni limitation fonctionnelle ni fardeau particulier peut être perçue comme entraînant un tel résultat, ce que nous avons défini comme étant un désavantage.
>
> Le fondement de cette perception est à rechercher le plus souvent dans une catégorisation « *in abstracto* » des déficiences et de leurs conséquences ou dans une projection des effets hypothétiques futurs de la déficience[17].

Depuis 1983, on peut affirmer que le recours à la définition de *personne handicapée* au sens de la *Loi assurant l'exercice des droits des personnes handicapées* est chose du passé. Plusieurs décisions sont venues confirmer le fait que la notion de *handicap* est plus large que celle de *personne handicapée*. Ainsi, elle peut s'appliquer à une personne qui, ayant eu un accident du travail, souhaite reprendre son travail antérieur dès la cessation des manifestations de limitations fonctionnelles[18]. Cette interprétation est celle soutenue par le Tribunal des droits de la personne qui estime que les amendements apportés à la *Charte* en 1982 permettent une interprétation du motif de handicap qui s'éloigne de la définition de la *Loi assurant l'exercice des droits des personnes handicapées* et qu'il y a discrimination sans égard au fait que l'appréciation du handicap soit objective ou subjective[19].

Ce faisant, Le Tribunal applique le droit en matière de discrimination fondée sur le handicap tel qu'énoncé par la Cour supérieure dans la décision

---

17. *Id.* p. 5 et 7.

18. *Commission des droits de la personne c. Lessard, Beaucage, Lemieux Inc.*, C.S.M. 500-53-000017-929, décision du juge Sheehan, 15 décembre 1992, J.E. 93-379, D.T.E. 93T-201.

19. *Id.*

Commission des droits de la personne c. Hôpital Rivière-des-Prairies[20]. Dans cette décision, tout en reconnaissant que la mauvaise évaluation de la condition physique d'un candidat a conduit à une exclusion discriminatoire[21], la Cour supérieure définit le handicap comme suit :

a) Un handicap sous-entend d'abord la notion d'anomalie anatomique ou physiologique.

[...]

b) Pour qu'il y ait handicap, il faut que l'anomalie soit de nature à limiter de façon appréciable l'individu dans sa capacité de *fonctionner* normalement[22].

On doit toutefois noter ici le maintien dans la définition du handicap d'un élément similaire à celui de la définition de *personne handicapée* au sens de la *Loi assurant l'exercice des droits des personnes handicapées* : alors que cette dernière évoque le concept de limitation significative, la décision de la Cour supérieure s'en remet pour sa part à celui de la limitation appréciable[23].

Par la suite, le Tribunal des droits de la personne, dans l'affaire *Commission des droits de la personne (Poirier) c. Ville de Montréal*[24], tout en confirmant la définition du handicap de la décision *Hôpital Rivière-des-Prairies*, ajoute ce qui suit :

Ajoutons que le désavantage peut être réel et objectif lorsqu'il y a présence d'une anomalie ou déficience qui empêche de manière importante un fonctionnement dit « normal » ; ce désavantage peut aussi être présumé lorsqu'on infère que quelqu'un, à cause d'une anomalie ou d'une déficience, ne pourra effectivement fonctionner « correctement ». Réalité objective et perception subjective font donc partie intégrante de la notion de handicap[25].

---

20. *Commission des droits de la personne c. Hôpital Rivière-des-Prairies*, [1991] R.J.Q. 2943 (C.S.).

21. Il s'agit en l'espèce d'un candidat à un emploi refusé suite à un examen radiologique de la colonne vertébrale qui a révélé le présence d'une spondylolyse avec un léger spondylolisthésis à L-5/S-1. Ce candidat, athlète reconnu, ignorait sa condition et est devenu par la suite membre de la Gendarmerie royale du Canada.

22. *Commission des droits de la personne c. Hôpital Rivière-des-Prairies, précitée* note 20, p. 2948.

23. La référence à cette Loi est critiquée par Daniel Proulx :
« ... on ne peut que rester pantois devant une Cour supérieure qui s'obstine, contre toute logique et compréhension de l'objet spécifique de la *Charte québécoise* dans l'arrêt *C.D.P. c. Hôpital Rivière-des-Prairies*, [1991] R.J.Q. 2943, à appliquer les critères inadéquats de la Loi assurant l'exercice des droits des personnes handicapées ».
Voir D. Proulx, *La discrimination dans l'emploi : les moyens de défenses selon la Charte québécoise et la Loi canadienne sur les droits de la personne*, Cowansville, Yvon Blais, 1993, p. 9.

24. *Commission des droits de la personne (Poirier) c. Ville de Montréal*, T.D.P.Q., Montréal, 500-53-000015-931, décision de la juge Michèle Rivet, 7 avril 1994, D.T.E 94T-600.

25. *Id.*, p. 11 de la décision.

De plus récentes décisions du Tribunal des droits de la personne ravivent un débat que l'on aurait pu croire enterré. La perception erronée d'un handicap ou le fait de tenir compte d'une anomalie physique dont ne résulte aucun désavantage ne serait pas de la discrimination. C'est ce que le juge Brossard du Tribunal affirme dans deux décisions aux conclusions identiques rendues le même jour[26]. Il s'agit dans un cas d'une candidate ayant une légère scoliose qui ne la limite aucunement dans ses activités physiques. Dans l'autre cas, un policier en période de probation a été congédié. Il a été opéré pour une perforation intestinale (maladie de Crohn) et est en rémission complète. Il ne souffre d'aucune limitation dans ses activités. Dans les deux cas, des évaluations médicales confirmaient que ces personnes avaient les capacités physiques d'effectuer leurs tâches respectives. Le Tribunal conclut dans ces cas que ces personnes n'ont pas de handicap et qu'elles ne peuvent bénéficier de la protection de la *Charte* en raison de leur handicap :

> La notion de handicap n'englobe pas toutes les anomalies. Il faut exclure celles qui sont répandues à un point tel qu'elles sont socialement acceptées. (...) Étendre la protection de la Charte à toute personne qui est porteuse asymptomatique d'une anomalie équivaut à trivialiser le terme « handicap ». (...) [L]a Ville pouvait, parmi les nombreux candidats qui ont postulé, rechercher et choisir ceux qui étaient le plus en santé(...) Ni un état de santé, ni une maladie ne sont, en soi, nécessairement des motifs de discrimination interdite par l'article 10 de la Charte[27].

[...]

> Par ailleurs, l'extension de la notion de « handicap » de manière à y inclure une maladie qui n'implique aucune limitation revient à banaliser l'article 10 de la Charte qui a été édicté de manière à assurer la protection des personnes souffrant de limitations dans l'accomplissement de fonctions de la vie courante[28].

Ces décisions posent à nouveau la question suivante : faut-il être une personne handicapée, c'est-à-dire être significativement limitée dans l'accomplissement des activités de la vie courante, pour pouvoir bénéficier de la protection de la *Charte* contre la discrimination fondée sur le handicap ?

---

26. *Commission des droits de la personne du Québec* c. *Ville de Montréal*, D.T.E. 95T-478 (TDPQ) et *Commission des droits de la personne* c. *Ville de Boisbriand*, non rapportée, T.D.P. (Terrebonne) 700-53-000003-941, décision du juge Brossard, du 21 mars 1995.

27. *Commission des droits de la personne du Québec* c. *Ville de Montréal*, précitée note 24, p.10.

28. *Id.*, p.9.

II. DU HANDICAP À LA PERSONNE HANDICAPÉE ?

Certaines questions peuvent se poser à la lecture de cette approche de la discrimination fondée sur le handicap. Si l'on admet que le droit à l'égalité dans la *Charte* ne vise que les personnes qui possèdent une des caractéristiques énumérées, il serait fort étonnant que ce droit ne puisse être reconnu aux personnes à qui on attribue à tort l'une de ces caractéristiques.

Le problème qui est posé en matière de handicap peut cependant différer si on l'énonce dans les termes suivants : l'employeur qui refuse à l'embauche un candidat, non pas en raison de son handicap mais bien plutôt en raison de son état de santé, agit-il illégalement en fonction d'un motif de discrimination énuméré à l'article 10 ? Cet employeur n'attribuerait pas à tort au candidat un handicap mais déciderait simplement d'utiliser parmi d'autres critères d'embauche celui de l'état de santé de la personne.

Ce qui précède exprime deux tendances face à la notion de handicap. Ces deux tendances n'ont plus, depuis 1982, pour point de départ une définition différente. Elle se distinguent plutôt par l'inclusion ou non de la notion de perception d'un handicap dans la définition de ce dernier. La première peut se présenter sous la forme d'une proposition unique : il faut être en présence d'une anomalie anatomique ou physiologique qui soit de nature à limiter de façon appréciable l'individu dans sa capacité de fonctionner normalement. Elle exige donc la recherche d'un fait objectif, le handicap. La deuxième tendance peut se résumer comme suit : il y a discrimination fondée sur le handicap s'il y a ou si l'on croit qu'il y a une telle anomalie. Elle exige soit la démonstration d'un fait objectif, le handicap, soit la démonstration d'un fait subjectif, la perception d'un handicap. Examinons maintenant les conséquences de ces deux approches.

L'approche objective, fondée sur le constat d'une limitation fonctionnelle significative, nous oblige à établir si la personne qui se dit victime de discrimination est atteinte d'un handicap. Puisque la définition du handicap réfère à une anomalie de nature à limiter de façon appréciable l'individu dans sa capacité de fonctionner normalement, on se doit donc de rechercher si l'anomalie a un tel effet. Comme la définition traite par ailleurs des limitations relatives au fonctionnement normal d'un individu, elle nous amène aussi à évaluer en général les capacités de cette personne. On conviendra alors que des personnes devant se déplacer en fauteuil roulant ou devant utiliser une canne blanche ont de telles limitations.

On ne cherchera donc pas à savoir, à cette étape, si cette personne, malgré son handicap, a la capacité pour occuper un emploi déterminé. La démonstration de l'existence de limitations telles qu'une personne ne peut vaquer à ses occupations normales, ouvrira la porte à la question de savoir si cette personne possède néanmoins les « aptitudes ou qualités requises par un emploi ». En effet, l'article 20 de la *Charte* énonce :

> Une distinction, exclusion ou préférence fondée sur les aptitudes ou qualités requises par un emploi [...] est réputée non discriminatoire.

Les conséquences directes d'une telle approche font que seules les personnes assez lourdement handicapées pour rencontrer des difficultés importantes dans leur vie quotidienne ont le droit d'être considérées pour un emploi, indépendamment de leur handicap, dans la mesure où elles possèdent les « aptitudes ou qualités requises par un emploi ». C'est donc dire que deux personnes ayant le même type d'anomalie et possédant toutes deux les aptitudes et qualités requises par l'emploi pourront être traitées différemment selon que l'anomalie physique ou mentale dont elles sont atteintes emporte ou non des conséquences dans leur vie courante.

De façon plus concrète, envisageons le cas des anomalies à la colonne vertébrale. La spondylolisthésis[29] comporte plusieurs degrés. Dans certains cas, elle vient grandement limiter une personne dans ses activités quotidiennes. Si on admet par hypothèse qu'une spondylolisthésis est un handicap lorsque des limitations en résultent, cette même anomalie, si elle n'a pas de telles conséquences, n'en est plus un et il est alors possible d'écarter les candidats qui sont porteurs de cette anomalie indépendamment des capacités de ces derniers à exercer les fonctions de l'emploi.

Selon la deuxième approche, on évite évidemment l'écueil que l'on vient de décrire. En effet, si un employeur écarte une candidature en se fondant sur le handicap qu'il attribue à une personne, il s'agirait également d'une discrimination. Il faut noter que cette approche, tout en ayant le mérite d'englober les cas où on attribue à tort un handicap à une personne, risque de ne pas s'appliquer à certaines situations. Il faut en effet se demander si l'application du test de la perception subjective, tel que décrit par la présidente du Tribunal des droits de la personne, la juge Michèle Rivet, dans *Commission des droits de la personne (Poirier)* c. *Ville de Montréal*[30], englobe les situations où un employeur désire simplement embaucher la personne « la plus en santé » ou encore écarter celles qui ont une maladie. Ces situations qu'envisage le juge Brossard, du même Tribunal, dans les décisions *Commission des droits de la personne*

---

29. Cette anomalie des vertèbres a été décrite comme suit dans *Commission des droits de la personne* c. *Hôpital Rivière-des-Prairies*, précitée, note 20, à la p. 2945 :

« [...] la spondylolyse est une interruption de la continuité osseuse de l'isthme qui réunit les facettes supérieures et inférieures d'une vertèbre. Il y a spondylolisthésis lorsqu'une partie de la vertèbre ainsi affectée glisse et se trouve en porte-à-faux par rapport à la vertèbre située en dessous. Il y a quatre grades de spondylolisthésis, selon la gravité ou l'importance du glissement ».

30. *Commission des droits de la personne (Poirier)* c. *Ville de Montréal*, précitée, note 24.

(Mercier) c. *Ville de Montréal et Ville de Boisbriand*[31], ne seront pas nécessairement visées par le test de la perception subjective. En effet, que répondre à l'argument d'un employeur qui nie attribuer un handicap, c'est-à-dire une anomalie qui soit de nature à limiter de façon appréciable l'individu dans sa capacité de fonctionner normalement, à une personne qui a une maladie. Comme le laisse entendre le Juge, un employeur aurait le droit de sélectionner les candidats ayant le meilleur état de santé excluant ainsi des personnes non pas en fonction de limitations présumées mais plutôt en fonction d'un critère économique :

> En l'espèce, le Tribunal conclut que la Ville pouvait, parmi les nombreux candidats qui ont postulé, rechercher et choisir ceux qui étaient le plus en santé et que l'examen de l'état de santé de ces derniers, dans le but de minimiser les coûts éventuels en assurance maladie, n'équivaut pas à une discrimination interdite en raison d'un handicap. Lorsque la Ville prend la décision administrative d'embaucher un candidat, elle peut, par exemple, préférer les candidats non fumeurs qui, à son avis, risquent le moins de lui faire supporter des coûts reliés à leur état de santé futur[32].

Ici encore, on peut se demander comment concilier une telle décision avec la jurisprudence antérieure du Tribunal sur la question des risques liés à la sécurité et qui justifieraient l'exclusion d'une personne. Dans la décision *Gaudreau* c. *Ville de Montréal*[33], relative à l'article 20 de la *Charte*, le juge Rouleau applique les critères suivants issus de la jurisprudence[34] :

> Il s'ensuit que la simple possibilité d'un risque ou d'un accroissement de celui-ci sans égard à sa gravité ou à sa probabilité ne saurait suffire, non plus que l'existence potentielle d'un risque minime ou négligeable. L'employeur doit donc établir la probabilité que le risque se réalise ou, en d'autres termes, la probabilité que la défaillance liée au handicap survienne, d'une part, et, d'autre part, la gravité des conséquences découlant de cette défaillance par rapport à l'environnement de travail, en incluant la sécurité des compagnons de travail et celle du public[35].

L'employeur doit donc démontrer que le risque est inacceptable, et ce, par une preuve scientifique, statistique ou médicale. Il doit également satisfaire l'exigence de proportionnalité de la mesure prise, le refus d'embauche, avec

---

31. *Commission des droits de la personne* c. *Ville de Montréal* et *Commission des droits de la personne* c. *Ville de Boisbriand*, précitées, note 26.

32. Respectivement aux pages 14 et 17.

33. *Gaudreau* c. *Ville de Montréal*, T.D.P.Q., Montréal, 500-53-000003-911, décision du juge Rouleau, du 25 juin 1992, J.E.-92-1266.

34. *Bhinder* c. *C.N.*, [1985] 2 R.C.S. 561 et *Canadien Pacific* c. *Canada*, [1988] 1 C.F. 209.

35. *Supra*, note 33, page 19.

l'objectif poursuivi, assurer la sécurité. Il doit donc démontrer qu'il ne disposait d'aucune alternative moins draconienne. Il est évident que la simple crainte qu'une personne ait plus souvent recours aux bénéfices de l'assurance maladie ne semble pas rencontrer ces critères.

Une dernière décision, d'un troisième membre du Tribunal des droits de la personne, le juge Michael Sheehan, propose une interprétation différente. Dans la décision *Roy* c. *Commission scolaire des Draveurs*[36], le juge Sheehan énonce que :

> La notion de « handicap » comporte deux éléments : une anomalie et une limitation. La perception de l'un ou l'autre de ces éléments chez l'auteur d'un geste discriminatoire peut-être purement subjective et complètement erronée[37].

Quant à l'élément de la limitation, il ajoute :

> [...] la Commission scolaire prétend qu'un handicap doit être de nature à limiter de façon « appréciable » le capacité de Yanick Pascal de fonctionner normalement. Avec égards, cela équivaut à ajouter à la définition. Dans son sens courant, « handicap » signifie un désavantage résultant d'une déficience anatomique, physiologique, psychologique ou mentale diagnostiquée médicalement[38].

Le juge Sheehan rejoint ainsi l'approche proposée par la juge Rivet tout en ajoutant que la perception subjective ou erronée peut porter tant sur l'anomalie que sur la limitation. Étrangement, il le fait en recourant à une définition nouvelle, celle d'un désavantage résultant d'une déficience, tout en y ajoutant l'exigence que ce dernier ait été *diagnostiqué médicalement*, et ce, sans expliquer autrement ce choix.

III. DU HANDICAP À L'ÉTAT DE SANTÉ

Le long parcours de la notion de handicap dans la *Charte* ne semble pas vouloir s'arrêter. Parmi les avancées et les reculs, il devient parfois difficile de savoir vers où se dirigent les tribunaux appelés à se prononcer sur cette question. De l'importation d'une définition qui ne pouvait recevoir application dans le contexte de la *Charte*, situation à laquelle le législateur a mis bon ordre en la modifiant, on se retrouve aujourd'hui avec une définition qui, malgré un ajout qui tienne compte de la perception subjective du handicap, ouvre encore une brèche dont l'ampleur reste à mesurer. Ces débats ont lieu autour de

---

36. *Roy* c. *Commission scolaire des Draveurs*, T.D.P.Q., Hull, 550-53-000002-934, décision du juge Sheehan, 29 août 1995, non rapportée.

37. *Id.* p. 10.

38. *Id.*, p. 11.

situations assez univoques, à savoir la chasse aux maux de dos. On peut se demander avec inquiétude de ce qu'il adviendra de cette définition lorsqu'on devra y recourir dans des cas où seront mis en cause, à titre d'exemple, des données génétiques destinées à établir les risques liés à l'embauche d'une personne.

Qu'en sera-t-il également face à d'autres types de dépistage : drogue, alcool, tabac ? Un employeur peut-il, parce qu'il a le « droit »(?) de choisir ceux qui sont le plus en santé parmi des candidats, exiger de connaître leurs habitudes alimentaires, leurs habitudes de vie ? Bien sûr, on se dit que cela va trop loin, que l'employeur s'immisce dans la vie privée de ces personnes et qu'on peut refuser de lui fournir ces renseignements parce qu'il ne sont pas nécessaires. Les lois sur la protection des renseignements personnels, tant dans les secteurs public que privé, nous donnent certainement quelques moyens pour contrer ces abus.

Mais pour revenir à la question de l'état de santé et du respect des droits de la personne, il convient de se demander s'il ne devient pas nécessaire de revoir encore une fois la pertinence d'employer un terme comme le *handicap* dans la *Charte*. Certes, la situation n'est pas celle de 1980 où l'emploi de l'expression « le fait d'être une personne handicapée » posait en soi un problème. Toutefois, la notion de handicap fait en sorte que toute définition que l'on tente de lui donner nous oblige à parler d'un quelconque désavantage résultant de la déficience. La définition élaborée par la jurisprudence, même en y ajoutant l'élément de la perception subjective, renvoie encore à des limitations fonctionnelles appréciables ou importantes. N'est-il pas étrange que la discrimination fondée sur le handicap soit le seul motif de discrimination qui comporte un élément de définition contraignant à la comparaison avec le critère de *normalité* ? Puisque la définition retenue inclut la notion de limite à la capacité de fonctionner normalement, ceux qui n'ont pas de telles limites mais qui ont une déficience ne seront protégés que si on leur attribue à tort ces limites.

Dans le but de corriger une telle incongruité, une première possibilité serait de modifier de nouveau l'article 10 de la *Charte*. Il serait concevable de remplacer le terme *handicap* par celui d'*état de santé*. Se poserait alors le problème d'inclure dans ce concept les personnes ayant un véritable handicap. En fin de compte, l'ajout de l'état de santé à titre de motif de discrimination prohibé par la *Charte* pourrait s'avérer une solution plus complète. Il s'agit là d'une situation optimale destinée à faire échec aux distinctions, exclusions ou préférences fondée sur des facteurs physiques ou psychologiques qui n'ont pas de pertinence dans la décision à prendre. Une telle proposition pourra en faire sursauter plusieurs. Mais il ne faut pas oublier que les dispositions de l'article 20 de la *Charte* constituent un garde-fou suffisant pour écarter les personnes qui ne peuvent rencontrer les exigences d'un emploi. Cependant, cette approche n'est pas nécessairement souhaitable à court terme puisque plusieurs affaires pendantes devant les tribunaux peuvent encore contribuer utilement à régler ce qui a priori semble un problème posé par l'interdiction de la discrimination fondée sur le handicap. Nous n'en sommes pas à la situation de 1982 où l'approche restrictive dominait nettement.

En effet, la difficulté d'interprétation du motif de *handicap*, liée à son histoire législative, a peut-être fait oublier d'autres méthodes d'interprétation, liées celles-là au contexte de la loi et à la recherche de l'intention du législateur. Dans une décision toute récente de la Cour supérieure, le juge Claude Tellier, confronté à une difficulté d'interprétation de l'expression « un travailleur déjà handicapé » dans l'article 329 de la *Loi sur les accidents du travail et les maladies professionnelles*[39], écarte le recours au sens que peut avoir le mot « handicapé » dans le contexte de la *Loi assurant l'exercice des droits des personnes handicapées* :

> En effet, donner au mot « handicapé » le sens de cette autre loi équivaudrait à rendre cet article 329 quasi-inopérant car les travailleurs en fauteuil roulant ou portant une canne blanche ne représentent pas une majorité significative des salariés qui peuvent être visés par cet article. (...) Une telle interprétation exclut d'emblée tous les travailleurs de la construction et des usines manufacturières. En effet, ces salariés, s'ils étaient porteurs de tels handicaps, ne seraient tout simplement pas embauchés[40].

Toujours dans le contexte de cette loi, le juge Tellier conclut que :

> [...] la notion de handicap réfère alors à celle de condition médicale ou de déficience anatomique ou physiologique déjà existante, peu importe qu'elle soit symptomatique ou pas[41].

Appliquer telle quelle cette conclusion à la notion de handicap dans la *Charte* reviendrait à commettre la même erreur que celle issue du renvoi à la définition de la *Loi assurant l'exercice des droits des personnes handicapées* aux situations visées par la *Charte*. Toutefois, l'exercice d'interprétation de la notion de handicap qui a été fait en matière d'accidents du travail peut très bien être repris en regard de la *Charte*. Il faudrait alors considérer plusieurs aspects : l'objet de la loi, les situations auxquelles on veut remédier et la cohérence interne de la *Charte*.

---

39. *Loi sur les accidents du travail et les maladies professionnelles*, L.R.Q. c. A-3.001.

40. *Construction E.D.B. Inc. c. Commission d'appel en matière de lésions professionnelles*, 3 octobre 1995, juge Claude Tellier, C.S. Montréal, 500-05-005301-955, p. 18.

41. *Id.* p. 23.

Il existe maintenant un consensus sur l'interprétation à donner aux lois sur les droits de la personne en particulier quant au droit à l'égalité. Sur l'interprétation des motifs de discrimination contenus dans ces lois, Daniel Proulx[42] résume ainsi la situation :

> Les motifs ne sont donc plus interprétés restrictivement, comme cela a été souvent le cas en jurisprudence québécoise, mais de façon large et libérale de manière à tenir pleinement compte de la nature spéciale de cette loi fondamentale et à remplir l'objet réparateur de la Charte québécoise : s'assurer que tout individu soit protégé contre les préjugés, les stéréotypes et les généralisations injustes et faire en sorte qu'il soit plutôt évalué sans *a priori*, selon ses capacités ou compétences propres, c'est-à-dire sans égard à un groupe auquel on le relie en raison d'une caractéristique individuelle énumérée dans la Charte québécoise.

De façon plus précise, sur l'interprétation que l'on donnait aux mots « personne handicapée », il résume ainsi le paradoxe qui résulte du bilan jurisprudentiel provisoire :

> Une telle interprétation des mots « personne handicapée » était absurde parce qu'elle sapait le but même que poursuivait le législateur en adoptant l'article 10 de la Charte, à savoir protéger les individus contre les généralisations injustes à l'endroit des gens ayant une déficience (physique ou mentale) ou perçus comme possédant une telle caractéristique personnelle. En effet, d'une part, si une personne est « limitée de façon significative et persistante » dans l'accomplissement d'activités normales, l'employeur sera le plus souvent parfaitement justifié de l'exclure en vertu de l'article 20 de la Charte et, d'autre part, si une personne n'est pas ainsi limitée et réclame qu'on la juge suivant ses capacités, elle n'est pas protégée par l'article 10 de la Charte alors que telle est exactement la raison d'être de ce droit fondamental[43] !

Le caractère spécial de la *Charte*, texte « quasi constitutionnel », et l'objet réparateur qu'elle comporte ne font plus de doute. En matière de handicap, il faut donc s'interroger sur le type de protection que le législateur a voulu établir. Dans le chapitre 1.1 de la *Charte, Droit à l'égalité dans la reconnaissance et l'exercice des droits et libertés*, l'interdiction d'exercer de la discrimination dans certaines situations ne comporte pas d'exception qui soit propre au motif handicap. Les exceptions à l'interdiction de la discrimination s'appliquent autant à l'égard de l'accès aux lieux publics, de la conclusion des actes juridiques qu'en milieu de travail.

Depuis bientôt vingt ans, la Commission des droits de la personne reçoit des plaintes fondées sur le handicap. La majorité de ces plaintes concernent le

---

42. D. Proulx, *op. cit.*, note 23, p. 8.

43. *Id.*, p. 9.

travail. Dans son dernier rapport annuel, la Commission des droits de la personne constate qu'il y a eu 172 dossiers ouverts en 1994 sous le motif handicap, soit le plus haut total parmi les motifs[44]. En matière de handicap, l'expérience de la Commission démontre bien que les situations auxquelles la *Charte* permet de remédier ne sont pas, dans la majorité des cas, celles des « travailleurs en fauteuil roulant ou portant une canne blanche », pour reprendre les mots du juge Tellier. Il n'est pas inutile de rappeler également que plus de 70 p. cent de l'ensemble des dossiers ouverts en 1994, soit 532 des 758 dossiers, l'ont été dans le secteur du travail.

Il est souhaitable que la définition formulée par le juge Tellier dans la décision *Hôpital Rivière-des-Prairies*[45] soit révisée. La définition retenu par ce même juge en matière d'accidents du travail[46] permet d'ouvrir la notion de handicap en y ajoutant la « condition médicale ». Un raisonnement similaire pourrait très bien être appliqué à une situation de discrimination fondée sur le handicap.

Les développements de la médecine moderne, tant sur le plan technologique à l'égard des tests de dépistage que sur le plan scientifique dans le domaine de la génétique, permettent en raison d'une meilleure connaissance de l'état de santé d'une personne de mieux la soigner. Ces mêmes développements peuvent cependant être utilisés à d'autres fins, particulièrement dans les milieux de travail, afin d'éliminer les candidats qui possèdent une anomalie quelconque et les personnes qui pourraient éventuellement développer certaines maladies. En recourant à certains tests, on croit pouvoir prévoir ce qui arrivera à une personne durant sa vie active sans nécessairement tenir compte de ses capacités actuelles. Chercher à connaître l'état de santé d'une personne au delà de ce qui est nécessaire dans le but de vérifier si cette personne possède les capacités requises pour faire son travail, c'est faire de l'état de santé un critère d'embauche qui risque d'être plus souvent qu'autrement discriminatoire.

Face à l'interdiction de la discrimination fondée sur le handicap, on peut se demander si le législateur avait l'intention de contrer la discrimination à l'égard des seules personnes lourdement handicapées ? Voulait-il permettre la discrimination fondée sur l'état de santé ? A-t-on le choix entre le handicap et l'état de santé ?

---

44.   109 de ces 172 dossiers, soit près des deux tiers, se classent dans le secteur d'activité « travail ». Les « occasions » de discrimination au travail se répartissent comme suit : 31 lors de l'embauche, 46 lors d'un congédiement, 5 dans des cas de mise à pied, 12 relativement aux conditions de travail et 15 classés autres. Ces données sont constantes d'une année à l'autre.

45.   *Supra*, note 20.

46.   *Supra*, note 40.

La connaissance génétique et ses conséquences sociales

Bartha Maria Knoppers et Claude M. Laberge[1]

INTRODUCTION : CO-OPTION OU COLLABORATION ?

Les connaissances génétiques augmentent à un rythme phénoménal suite au développements des projets internationaux d'analyse du génome humain (Projet génome humain : PGH) et tout récemment, du Projet de diversité du génome humain (PDGH).

Ces deux projets de recherche fournissent déjà des données applicables en génétique humaine et des bases technologiques dont le transfert clinique en médecine génétique est quotidien. En ce qui concerne les aspects éthiques, légaux, sociaux et politiques, ils se retrouvent sous le parapluie de HUGO (Human Genome Organization) et son Comité d'éthique, ainsi que plus récemment sous l'égide du Comité d'éthique de l'UNESCO.

Le génome humain sera complètement connu d'ici 5-10 ans et les instruments pour ce faire sont déjà en place dans les nouvelles cartes génétiques. L'argument des généticiens est que cette connaissance constitue une révolution non seulement de la médecine mais aussi de la compréhension des composantes génétiques des maladies monogéniques et rares, mais surtout des maladies courantes comme les maladies cardio-vasculaires ou le cancer. Cet argument sur la connaissance anatomique du génome est néanmoins un peu naïf. La compréhension des mécanismes des maladies devra d'abord passer

---

1. Bartha Maria Knoppers est professeure à la Faculté de droit de l'Université de Montréal, chercheure sénior au Centre de recherche en droit public et avocate-conseil chez McMaster Meighen. Claude Laberge est professeur de médecine et de pédiatrie à l'Université Laval et président du Réseau de médecine génétique appliquée du FRSQ.

par une étude de la physiologie (le comment ça marche !) de ce génome, ce qui prendra beaucoup plus de temps. Néanmoins, les connaissances actuelles sont déjà importantes et trouvent leurs applications, bien que de façon un peu aléatoire, dans la pratique médicale quotidienne, au fur à mesure de la découverte des gènes et de leur variabilité en terme de mutations.

Les conséquences sociales de cette évolution rapide et un peu désordonnée sont très importantes, la tendance de la science étant d'appliquer d'abord et de comprendre ensuite. Il y a donc une poussée et une pression pour subir ou « co-opter » les applications rapides des connaissances issues de la recherche génomique, à la fois pour leur exploitation et possiblement pour une mauvaise introduction dans des infrastructures médicales.

Cependant, avec un certain recul et une évaluation sociale de ces connaissances, vient le moment propice à l'éducation, à la compréhension et éventuellement à l'appropriation sociale de ces connaissances. Dans la première partie, nous nous proposons d'examiner l'exploitation qui est faite de la connaissance génétique dans sa phase initiale de transfert technologique et ses conséquences sociales. En deuxième partie nous verrons comment l'éducation peut normaliser ces conséquences dans des comportement de compréhension sociale de cette connaissance.

I.   « MÉ-APPRÉHENSION » OU EXPLOITATION

La génomique humaine est ici définie comme toute identification de séquences d'ADN (codants ou non-codants) qui peuvent donner des résultats applicables à la définition de risque génétique chez une personne [direct (certitude) ou par liaison (probabilité)] en ce qui concerne un état de porteur, une prédisposition, une susceptibilité ou même une association. Chacune de ces catégories peuvent servir de références « imaginaires ». Mais que dire des gènes et leurs mutations considérés comme des facteurs complémentaires et complexes de l'environnement dans le risque relatif de développer des maladies multifactorielles courantes ? Il est prévisible que toutes ces connaissances, mêmes partielles ou encore prématurées, de la génomique humaine seront celles qui seront les plus rapidement appliquées dans le domaine de l'organisation des soins de santé.

Cette situation d'utilisation précoce de la connaissance génétique tient de l'infrastructure de nos services de santé et de nos capacités de recherche biomédicale. Bien que propre à notre contrat social de santé, cette intégration demeure sous la pression constante de l'évolution techno-scientifique américaine. L'étape première et la plus facile de toute application des connaissances de la génétique est le « test génétique ». Si on peut le faire en recherche clinique,

pourquoi ne pas le faire en clinique également ? Il semblerait que tout chercheur en biologie moléculaire succombe à la tentation d'avoir « son » test,
comme autrefois tout médecin voulait avoir une maladie à son patronyme.

Ces tests issus de la recherche et de ses protocoles souvent ne sont pas très
fiables ou spécifiques, ni soumis à un contrôle de qualité comme le sont habituellement les tests cliniques. La variabilité complète des mutations semble
toujours impressionner ces chercheurs qui se lancent dans le diagnostic. Ce
« no man's land » que constitue le transfert de catégorie de test entre recherche et clinique devient ainsi un endroit où les premiers problèmes de « mé-
appréhension » ou d'exploitation de la génétique apparaissent sous la forme
de stigmatisation (1), de discrimination (2) ou de commercialisation (3).

1. Stigmatisation

L'introduction parcellaire et prématurée de tests génétiques, sans évaluation épidémiologique préalable et souvent basée sur un faux principe de nécessité (si on peut, on doit) mène directement à la stigmatisation. Parce qu'il
s'agit d'un test applicable à une minorité bien définie (qui souvent sert aussi
à la recherche clinique), cette étape de stigmatisation est peut-être temporaire.
Il n'en reste pas moins que peu de réflexions éthiques, légales et sociales sont
effectuées au préalable. La stigmatisation se crée surtout au niveau de la perception médicale, encore plus qu'au niveau individuel. Elle entretient le cercle
vicieux chaotique du raisonnement suivant : le gène « muté » est la maladie, la
maladie est la personne « anormale », le gène est la personne. Étendre ce raisonnement « imaginaire » aux individus qualifiés de « cas », ou aux populations qualifiées de « tarées » (ou encore pire comme une « mine d'or » des
maladies génétiques) crée par association des pseudo-groupes de risques génétiques, souvent entretenus par l'interprétation médiatique.

Néanmoins, cette normalisation du risque génétique à l'ensemble des individus ne peut rien changer quant à l'imaginaire de la « qualité » de cette
différence qui se reflète dans les perceptions sociales d'anomalies, de handicaps et de tares, lesquelles ne sont pas génétiques mais psycho-sociales dans
leur étiologie.

Cependant, avec le temps, cette stigmatisation aura tendance à diminuer
et l'information à se normaliser lorsque la population réalisera que chacun
porte en moyenne de 5-7 gènes délétères et que chacun doit vivre en toute
connaissance avec ses propres « mutations ». Paradoxalement, l'analyse du
génome humain qui porte un risque de stigmatisation à ses débuts porte aussi
le moyen de la diminuer à sa complétion, du moins quantitativement parce
que nous allons apprendre que nous sommes tous différents et aussi porteurs
de risques génétiques.

2. Discrimination

La discrimination est la réalisation, c'est-à-dire l'actualisation socio-économique de la stigmatisation. Elle est conséquente à des actes, à des décisions. (La discrimination par définition est une résultante d'une activité exprimée par une structure, un système ou une organisation reconnus par la société, c'est-à-dire par la « mé-appréhension ». Ce pourrait être par exemple, le système de soins de santé, un employeur, un assureur, une banque, etc.).

Ici encore, l'évolution des connaissances de la génétique suivra le même parcours que pour la stigmatisation. Il y aura, par manque de connaissance ou de reconnaissance, une possibilité plus grande de discrimination au début de l'application de ces connaissances. Par exemple, l'imaginaire social du « porteur malade » qui est à la source de la stigmatisation pourra intervenir aussi dans la référence de discrimination. L'affaire *Audet* au Québec a fait que tant les experts que la Cour ont confondu l'état de porteur de dystrophie myotonique de Steinert avec l'état de maladie, sans tenir compte de l'expression clinique chez le « patient » en terme de mesure de son incapacité à s'adapter aux exigences d'une vie normale. Des tests moléculaires qui auraient pu encadrer une certaine évaluation pronostique de son état de santé n'étaient pas encore disponibles au moment des événements et les généticiens n'ont pas été appelés comme experts. Qu'arrive-t-il de la mutualité d'assurance quand il existe une prévalence de 1/450 personne ayant des signes cliniques de Steinert (présymptomatiques aussi bien que cliniques) dans la population d'origine du « malade » en question ? N'est-il pas évident que la mutualité étendue à l'ensemble de la région et du risque préalable doit non seulement couvrir les 449 individus qui n'ont pas la « maladie », mais aussi le seul concitoyen qui « doit » l'avoir ?

Encore plus complexe est l'interprétation des facteurs génétiques de susceptibilité à l'expression de maladies courantes multifactorielles. Une vignette dans un questionnaire international récent demandait quelle attitude prendrait une personne responsable devant un individu porteur d'hypercholestérolémie familiale qui est chauffeur d'autobus scolaire. Doit-on avertir son employeur ? Si 1/150 personne dans une région du Québec est porteuse pour une mutation du récepteur du cholestérol LDL (low density lipoprotein, le « mauvais » cholestérol) qui la rend donc à risque pour l'apparition d'hypercholestérolémie et d'infarctus précoce à l'âge adulte, devrait-on exiger un test biochimique et moléculaire pour obtenir un emploi de chauffeur d'autobus ou de camion-lourd si le candidat vient de cette région ?

Risque-t-il d'y avoir plus ou moins de discrimination avec l'introduction de tests génétiques spécifiques par rapport à la discrimination actuarielle basée depuis des années sur l'histoire familiale des causes de morbidité et de mortalité ? « Y a-t-il du diabète, du cancer, de l'hypertension, des infarctus, des accidents cérébro-vasculaires, de la tuberculose, de la syphilis, etc. dans votre famille ? » Qui ne s'est pas fait poser cette question et ne se la fait pas poser encore aujourd'hui ? Qu'arrive-t-il de la mutualité si un individu réclame des primes plus basses parce qu'il n'est pas « porteur » du risque familial en cause (par exemple, l'hypercholestérolémie) ?

Une autre définition de la discrimination pourrait être celle d'offrir des services diagnostiques, préventifs et d'information pour les risques génétiques que l'épidémiologie génétique aura validé dans la population. Un exemple est l'offre de services de diagnostic prénatal aux femmes de 35 ans+ basé sur l'augmentation du risque relatif d'anomalies chromosomiques dans cette cohorte de femmes, en attendant des moyens efficaces de dépistage de ces risques chez toutes les femmes enceintes.

Il est évident que la discrimination demeure une action prématurée de séparation basée sur l'absence complète de connaissances génétiques. Cette connaissance sera-t-elle un jour suffisante pour diminuer cette discrimination ? Il est difficile de le dire, mais une chose est claire pour les généticiens, les producteurs de l'information discriminante : le niveau actuel de la science génétique humaine, et de la médecine génétique qui en découle, est encore très embryonnaire. Doit-on dès lors établir des moratoires ou au contraire favoriser le développement rapide de ces connaissances ? Entre les deux positions, il y aura nécessairement des applications qui verront le jour, même si elles ont un caractère de temporaires et de continuels réajustements.

Cette temporalité et ce caractère de constant développement de la connaissance génétique constituent les limites imposées à ceux qui veulent commercialiser les développements de la génétique humaine.

3. Commercialisation

La première tentation dans cette voie commerciale sera la thérapie génique. À première vue, le principe semble simple. Si on a un gène cloné, si on peut l'exprimer dans des systèmes cellulaires, si on peut trouver un vecteur pour le transporter dans le génome, si on peut l'y exprimer, alors on devrait être en mesurer de « guérir » définitivement un individu des résultats d'un gène délétère. Simple, mais pas facile, et surtout pas rapide comme développement, nonobstant les limites éthiques, légales et sociales qui sont déjà étudiées et proposées (pour une des rares fois dans le domaine de la biotechnologie, et longtemps en avance des réalisations sur le terrain !). Les méthodes de transfert direct « in vivo », les choix des mutations à corriger, les systèmes de régulation de ces néo-gènes, l'expression tissulaire adéquate et la protection immunitaire contre le produit génique sont toutes des étapes à franchir avant de réaliser le rêve de guérison génétique. Ce ne sera pas pour demain et les investissements restent nombreux pour les instances commerciales (pharmaceutiques) avant de réaliser des profits pour les maladies génétiques. Pour les maladies infectieuses, le cancer et certaines formes d'auto- et de xéno-transplantations, les résultats seront probablement plus rapides.

Dans leurs approches traditionnelles, les compagnies pharmaceutiques sont intéressées à la découverte des gènes, tant spécifiques à une maladie monogénique donnée que contributeurs à certaines pathologies multifactorielles (surtout ces derniers), pour la compréhension des mécanismes de leurs actions et la possibilité d'intervenir dans leur réparation sectorielle par des médicaments spécialement fabriqués en conformité avec cette connaissance. Donc, des médicaments plus spécifiques et plus efficaces, plus pointus, deviennent disponibles et demeurent soumis aux évaluations de sécurité et de mise en marché. C'est l'approche classique et traditionnelle de ces compagnies.

Mais moins traditionnelle et plus enclin à éviter toutes les « régulations », est la mise en marché de trousses diagnostiques basées sur une capacité de biologie moléculaire issue des laboratoires de recherche et rapidement validés pour être les premiers à occuper une niche dans le diagnostic génétique. Pour les maladies monogéniques, le marché potentiel est petit et les laboratoires de recherche ainsi que les secteurs d'épidémiologie génétique qui s'y rattachent ne sont pas loin des développements techniques et de leur mise en application dans les familles, déjà connues d'elles-mêmes pour être à risque. Souvent, les mutations spécifiques dans la population et les familles seront connues et les tests en tiendront compte dans leur approche « multiplexe ».

Mais le marché de loin le plus lucratif sera celui des maladies multifactorielles, où des facteurs génétiques de susceptibilité seront identifiés et offerts en addition aux tests classiques de diagnostic. Ici la validité épidémiologique de ces tests est beaucoup plus faible lorsque les limites de la famille sont dépassées, et la tentative d'en faire des tests de dépistage généraux est grande même si leur utilité n'est pas nécessairement démontrée. On se retrouve rapidement devant un mélange d'intérêts et de conséquences néfastes. La compagnie veut imposer son test, rapidement et en premier (pendant qu'il y a encore de l'argent dans le système et avant qu'il n'y ait une politique d'accréditation en rapport avec l'allocation de ressources restreintes), elle a pris un brevet sur la mutation (ou les mutations). Les chercheurs qui ont contribué à la découverte rêvent de bénéfices financiers. Les médecins veulent faire tout ce qui est nécessaire pour leurs patients et pour eux toute information est jugée *a priori* comme utile. Les patients veulent savoir leurs séquences mutationnelles et surtout connaître son pronostic. Malheureusement, la plupart du temps, personne ne peut les leur donner. Les conseillers ne peuvent répondre d'une façon déterministe à un résultat qui est dans sa fonction essentiellement probabilistique. La mutation ou le test peut être très vrai et valide, mais son rôle dans le développement de la maladie multifactorielle, n'est qu'un des facteurs même si le risque relatif augmente avec sa positivité. On le voit tous les jours dans l'imbroglio qu'a créé la découverte du BCAR1 dans la susceptibilité au cancer du sein et des ovaires ou encore dans l'association de risque d'Alzheimer avec ApoE4.

Quoi qu'il en soit, cette avenue de recherche des composantes génétiques majeures des maladies courantes est celle de l'avenir. Elle doit être encouragée, même si en cours de route nous devons subir dans la société, l'introduction de tests inefficaces et inappropiés. Pourquoi ? Parce que les maladies courantes (comme certaines psychoses, maladies cardio-vasculaires, asthme, hypertension, diabète, cancers familiaux, etc.) sont difficiles à traiter empiriquement et que la connaissance complète des systèmes biologiques complexes qui leur donnent naissance est absolument nécessaire à la compréhension des mécanismes physio-pathologiques qui donnent lieu à leur expression clinique. La compréhension laisse entrevoir la prévention et la réparation physiologique (le traitement) et ultimement, une meilleure santé pour l'individu à risque.

Quelles que soient les motivations, commerciales ou médicales, l'étude des grandes familles et de populations bien caractérisées quant à certaines pathologies sont les échantillons convoités dans l'immédiat par de grands projets de recherche, et de plus en plus par des contrats de l'industrie pharmaceutique. Cet intérêt de recherche devient frénétique et extrêmement compétitif, si en plus que d'une bonne caractérisation diagnostique (souvent fourni par le système universel de soins de santé) on a une certaine garantie historique et généalogique de l'homogénéité génétique de l'échantillon (le laboratoire généalogique).

Ici, la connaissance génétique ou encore le besoin pressant de nouvelles connaissances risque d'entraîner des conséquences sociales très grandes, non seulement en termes de stigmatisation et de discrimination, mais aussi en termes sociaux et économiques. Sociaux dans le sens que le contrat social de santé est utilisé comme une justification de ne pas investir dans la partie très coûteuse de l'opération qui est de définir médicalement le phénotype dans un échantillon. Économiques dans le sens que ce qui est perçue comme l'étape importante est la caractérisation et l'étude moléculaire de mutations. Mais c'est un travail de laboratoire et de haute capacité de séquençage. Il doit donc être fait dans des laboratoires déjà existants (ailleurs que dans la population utilisée) plutôt que d'investir dans l'infrastructure biotechnologique sur place. Les citoyens deviennent des « porteurs d'ADN » pour de grandes compagnies multinationales ou leurs compagnies prête-noms (privées ou académiques). Il existe aussi une possibilité que la société qui a permis ce dernier type de recherche se voit infliger une obligation à payer pour les tests qui en résultent et que les compagnies auront développés grâce à leurs propres populations !

Les lignes de conduite dans ce nouveau domaine de l'épidémiologie *génétique* sont à toutes fins utiles absentes tant du point de vue national qu'international, si ce n'est d'une première proposition de principes du RGHA sur la « médecine génétique et la recherche génomique ». A ce jour, une seule compagnie internationale a manifesté un intérêt à les respecter. De leur côté, les institutions académiques et scientifiques du Québec n'ont démontré, jusqu'à présent, aucun intérêt ni même une perception des problèmes que cette jonction médecine-recherche académique- industrie peut créer à la société québécoise, d'où le besoin de considérer l'impact de la « mé-compréhension » et de l'éducation de cette connaissance génétique nouvelle.

II. « MÉ-COMPRÉHENSION » OU ÉDUCATION

Les conséquences sociales que nous avons exposées jusqu'à maintenant ne sont en fait que contextuelles. Ces conséquences découlent de la vitesse exponentielle des connaissances nouvelles de la génétique et du retard conservateur de prise en compte des structures de la société. Il n'y a rien d'anormal dans cette situation qui est le propre de tout système complexe dans lequel de nouvelles propriétés et de nouveaux horizons deviennent disponibles en périphérie du maintien à l'équilibre de la situation connue et à conserver. Nous sommes en pleine contingence et il y a besoin de changement.

Il y a une nécessité d'un nouvel équilibre, d'un réaménagement par l'éducation pour que le système de santé se réorganise en tenant compte de la réalité des facteurs personnels de risque de maladie ou de susceptibilité à la maladie, sinon, il y aura mé-compréhension de la connaissance génétique. Elle sera perçue dans le système comme étant périphérique ou encore dangereuse par ses effets sectoriels et temporaires de stigmatisation et de discrimination ou encore comme un pouvoir Faustien de la part de la techno-science. Les dangers sont encore plus grands pour les individus qui se verront refuser l'accessibilité à des informations qui permettent des décisions libres, personnelles et démocratiques quant à la reproduction, la santé, la qualité de vie.

La société comme telle sera aussi dépassée technologiquement et laissée en arrière, après avoir servi au développement même de ce qu'on lui refuse. La mutualité et la solidarité qui pourraient découler de l'acculturation de la connaissance génétique seront disparues et les dangers de pouvoirs idéologiques seront augmentés, pour protéger le système existant qui ne veut pas démordre de sa rigidité. Pour maintenir cette rigidité, ces pouvoirs idéologiques seront tentés de restreindre les droits fondamentaux des citoyens, principalement ceux de droit à la santé et celui du droit aux bénéfices de la science.

Voyant l'arrivée de nouvelles connaissances qui chambardent l'ordre des choses établies, les systèmes de prévention et de soins, le contenu éducatif et culturel, une société complexe, comme tout système de ce genre, a comme réflexe « pavlovien » la réaction conservatrice de décréter des moratoires. Un moratoire peut être souhaité parce que d'une façon réaliste il faut permettre un temps d'observation, d'étude et de compréhension d'un nouveau paradigme. Cependant, un moratoire complet est rarement maintenu (parce que trop local) et démontre souvent plus une réaction aux acquis qu'une inquiétude et un intérêt intellectuels de compréhension du nouveau phénomène. Un moratoire est utile et profitable lorsqu'il est contrôlé et géré dans un contexte d'éducation, de compréhension et d'appréhension des nouvelles idées ou techniques. La suite du moratoire devrait donc être une série de décisions à différents niveaux de production, utilisation, évaluation et allocation (ou pas, si l'étude démontre l'absence du besoin d'appropriation sociale).

La compréhension de la connaissance génétique dans le flot de l'histoire de la pensée occidentale et des sciences ne peut que mener à une meilleure compréhension des droits fondamentaux de la personne humaine, à une meilleure définition et à leur justification intrinsèque découlant de la seule dignité humaine comme source de l'équivalence des différences et creuset de l'identité dans la famille humaine.

Il n'y a rien, intrinsèquement, dans la connaissance génétique qui aille à l'encontre des droits fondamentaux de la personne tels que le droit à l'autonomie, au respect de la vie privé. La génétique par ses aspects familiaux, généalogiques et universels, confère à la personne des devoirs de diffusion et de partage de l'information génétique dans la mutualité, la réciprocité et la solidarité, devoirs sociaux qui ne découlent pas d'autres genres d'information.

L'introduction du paradigme génétique dans notre culture sociale n'est pas facilitée par nos perceptions et nos catégorisations de ce qu'est la culture. Celle-ci est souvent vue comme dichotomique, arts et sciences, sciences humaines et sciences expérimentales, sciences molles et sciences dures, médecine traditionnelle et médecine douce ou alternative, etc. La science est appréhendée dans la société sous la forme de technologies et est rarement incorporée comme une philosophie ou une valeur fondamentale. Mais, pour ce qui est de la génétique, cela devrait être différent. Une meilleure compréhension des principes culturels qui en découlent pourrait mettre en perspective les tentatives d'introduction technologiques.

L'époque est à l'individualisme, à la différence (du moins la sienne propre), à l'unicité de la personne, à la liberté individuelle et à la démocratie (du moins dans certaines parties du monde). Le paradigme génétique *prouve* tout cela et encore d'une façon scientifique. Il prouve l'unicité génétique historique de chaque individu et l'unicité épigénétique de chaque personne à jamais. N'est-ce pas là une dérivation de principe extraordinaire de la dignité humaine et de l'équivalence de tout humain ? La dignité humaine n'a plus besoin de s'établir en prémisse de droit divin mais plutôt comme déduction de la connaissance scientifique et humaine de la génétique. Ce paradigme génétique ne mériterait-il pas sa place dans les grands principes humanitaires qui régissent la culture humaine ? La nécessité de rassemblement autour de valeurs fondamentales dans une société pluraliste et multiculturelle pour promouvoir la solidarité sociale pourrait grandement profiter de cette démonstration extra-ethnique, extra-religieuse et extra-culturelle du fondement biologique des droits de la personne.

Les moyens d'acculturation de la connaissance génétique dans une société globale passe donc par l'information sur la connaissance génétique, ses contraintes, ses limites, et l'éducation du public (1), par la consultation des intervenants sociaux qui utilisent ou produisent la connaissance génétique (2) et par la participation des personnes et de organismes dans l'établissement des priorités d'intégration et d'utilisation de la connaissance génétique (3).

1. Information

La génétique utile, c'est de l'information. Comme toute information, l'information génétique est modulée dans un système de diffusion qui comprend canaux, émetteurs, récepteurs et rétroactions. L'information génétique n'est pas statique, elle est en constante production et révision selon les nouvelles connaissances, selon les utilisations, selon les nouvelles applications. Sa nature même peut changer d'une notion d'association, à celle de marqueur statistique, à celle d'attribution probabilistique, à celle de diagnostic. Le génotype définit la phénotype, le phénotype corrige la corrélation du génotype. Comme nous l'avons déjà dit, la génétique peut actuellement identifier une mutation causale, une prédisposition pré-clinique, une susceptibilité de risque relatif accru, une association statistique, un défaut fortuit dans la réparation d'une erreur aléatoire de traduction génique ou encore, corroborer un événement de hasard. L'information qui en découle peut s'appliquer à un seul individu, à sa famille biologique, à un dème généalogique, par extension historique à un groupe à risque, à une population régionale ou nationale, à l'ensemble de l'espèce.

Sa caractéristique fondamentale est sa mutabilité constante. Ses contraintes sont dans son absence de déterminisme biologique sur l'expression automatique de la maladie. Ses limites sont dans son explication partielle de l'ensemble du phénotype qui n'est que la résultante obligatoire d'une interaction avec un ou des environnements nécessaires pour l'expression clinique de son message. Il n'y a pas de gènes « tout nus ».

L'imaginaire de l'information génétique n'est pas le bon. La génétique n'est ni déterministe, ni prédestinée, ni « anormale » ; elle n'est que probabilistique, environnementale et biologiquement nécessaire pour la vie. Qu'il y ait des variations d'un individu à l'autre dans leur information génétique, et donc dans leur capacité de maintenir un état de santé adaptatif « normal », n'est pas une tare ou un élément de séparation et de discrimination des personnes.

C'est ce message que les citoyens « concernés » devraient apprendre dans les systèmes éducatifs permanents ou continus que la société met à leur disposition. Une compréhension de la connaissance génétique comme élément d'explication et même de justification des différences (de quelques degrés qualitatifs ou quantitatifs qu'ils soient) dans la société ne peut faire de cette connaissance qu'un outil de développement qui est bien contrôlé par l'ensemble des citoyens et qui renforce l'application et la reconnaissance des droits de la personne dans cette même société. Tout citoyen aura un jour à affronter une décision, soit en clinique, soit en participation à la recherche, qui concernera et confrontera sa décision par rapport à un problème d'information génétique. Seront-ils préparés en ayant suivi toutes les étapes de l'incorporation scientifico-culturelle de cette discipline humaine du prochain millénaire ou seront-ils démunis et inquiets devant l'imposition de capacités technologiques au-delà de leur compréhension ou de leur appréhension ?

Pour donner de l'information pertinente, compte tenu de la diversité des populations humaines, de leurs cheminements historiques et migratoires, des conditions d'adaptation, de leur démographie particulière, etc., c'est-à-dire tous des facteurs étudiés par les sciences humaines et sociales, il faut connaître les problèmes propres à chaque constituante sociale. Cette information pourrait lui être utile pour décider de l'éducation adéquate des questions génétiques non seulement en ce qui la concerne, mais aussi au-delà de ce qui est général et s'applique à l'ensemble universel de l'espèce et même de notre co-évolution avec d'autres espèces.

Ces problèmes spécifiques et immédiats ne peuvent être identifiés, pour chacune des catégories de risques génétiques, que par la connaissance des incidences et prévalences de chacun, et par les études rétrospectives et prospectives d'épidémiologie génétique. Et ces études, en plus de leur autorisation en politique de santé, doivent d'abord s'inscrire dans le principe de réciprocité sociale qui est la consultation.

2. Consultation

Si on veut protéger les droits fondamentaux des personnes tout en développant la responsabilité sociale et en préparant la mutualité et la solidarité nécessaires à l'utilisation ordonnée et civique de la connaissance génétique, les familles et populations « à risque » doivent être consultées, soit dans le développement des services cliniques et communautaires, soit dans le développement de nouvelles connaissances par la recherche.

La première phase de cette consultation est de considérer les individus impliqués dans un problème génétique comme des partenaires à l'investigation clinique ou de recherche. Partenaire veut dire information compréhensible, décision éclairée de participer, choix et contrôle des étapes de l'investigation, intérêt pour le suivi et le changement dans l'information initiale, respect et appréciation de cette participation. Lorsque chaque personne est considérée comme un partenaire, il est plus facile d'avoir une consultation subséquente avec la famille étendue, la région, la population. Les regroupements d'intérêts des patients et de leurs apparentés sont ainsi facilités. Des « lobbies » s'installent et défendent des intérêts particuliers, font appel au public et aux services gouvernementaux. Mais tout cela est ouvert, transparent et démocratique, les données épidémiologiques et cliniques venant valider ou tempérer les revendications. Il y a moins de risque de prise en otage de familles ou de populations entières.

Par ailleurs, les professionnels de la santé sont très peu instruits ou même intéressés à la connaissance génétique (sauf évidemment pour les généticiens tant biologistes que médecins ou conseillers génétiques). Dans le cas des infrastructures de santé, du cabinet de l'omnipraticien au bureau du spécialiste, de la clinique médicale au CLSC, de la consultation externe au département de médecine familiale, du département de santé communautaire au département de santé publique, de la régie régionale au ministère, personne n'a encore réalisé le besoin urgent pour la population de la compréhension et du besoin d'éducation de la génétique humaine, encore moins de la médecine génétique. Consulter les intervenants du système universel de soins de santé actuellement en rapport avec la connaissance génétique et ses applications revient à parler à des sourds. Cependant, de cette façon corporative et conservatrice de maintenir le système rigidement à un équilibre artificiel, il n'y a rien de bon à prévoir pour le respect des personnes et de leurs droits fondamentaux. En effet, l'explosion de l'utilisation de l'information génétique se fera hors de leurs domaines d'influence, par la pression du privé et la demande personnelle des citoyens qui voudront obtenir ce type d'information à tout prix. Le plus grand danger qui menace l'accessibilité et l'universalité des soins de santé est la privatisation et la commercialisation du « marché » de l'information génétique.

La protection des citoyens est un devoir premier de l'État. Devant la privatisation de la génétique humaine, devant la discrimination systémique qui appartient par définition aux assureurs et aux employeurs (quand il ne s'agit pas de services sociaux et publics comme l'aide sociale ou l'immigration), l'État ne fait rien. L'État est ignorant de la plus grande poussée scientifique jamais connue dans l'histoire des connaissances humaines. Les porteurs de mutations sont considérés comme hors la juridiction de l'État tant qu'ils ne sont pas malades, soit en lit actif, soit en lit chronique, ou en ambulatoire. Ce n'est pas tellement la maladie génétique qui est discriminée, car après tout c'est une maladie comme une autre, seule l'étiologie est différente, elle est endogène plutôt qu'exogène (et encore !). Ce qui est discriminé, c'est l'état de porteur « non-malade », cette prédisposition, cette susceptibilité (ne parlons pas d'association) qui est hors système, au moment où la recherche et les services devraient être mobilisés pour développer des moyens de prévention, des moyens de retarder l'expression morbide, des moyens de réparation (traitement) en cas d'expression clinique.

Un moyen subliminal d'influencer les connaissances des professionnels de la santé et les intervenants gouvernementaux aux besoins des populations en matière d'information génétique, serait l'utilisation systématique du projet-pilote avant l'introduction de tests ou de services cliniques. La validation et l'adéquation aux besoins seraient acquises dans la réalité sociale, les conséquences prévisibles et les groupes de pression seraient tout désignés. Certaines communautés ont d'ailleurs défendu avec succès le maintien de services diagnostiques génétiques parce qu'elles étaient impliquées depuis le début des programmes et qu'elles disposaient des données nécessaires pour défendre leurs dossiers, c'est-à-dire, la participation.

3. Participation

En démocratie, la force de la voix populaire peut être grande. Lorsque toutes les maladies courantes et les maladies génétiques héréditaires auront leurs projets de recherche, que la plupart des familles seront touchées d'une façon quelconque par un problème génétique, la participation, si elle est instaurée dès le début, saura bien remporter l'introduction des connaissances de la génétique humaine dans la vie courante.

Dans l'établissement des priorités de services cliniques et de prévention, compte tenu de l'allocation des ressources disponibles, la participation directe des citoyens sera la seule façon par laquelle les conséquences sociales de la connaissance génétique seront amenuisées et introduites dans la pratique médicale et dans les infrastructures de prévention. Cependant aujourd'hui on considère avec un certain « mépris », quand ce n'est pas avec une certaine inquiétude, les associations de patients et parents ou les « lobbies » mieux organisés autour de certaines maladies héréditaires plus fréquentes. Est-ce parce qu'ils sont perçus comme n'étant pas assez distancés de la problématique génétique en général ? parce qu'ils furent les premiers à s'organiser selon la chance des premières découvertes de la nouvelle génétique moléculaire ? ou encore parce qu'ils sont trop impliqués dans la maladie qu'ils représentent et les besoins cliniques qui en découlent sont perçus comme immédiats et urgents ? Quoi qu'il en soit, ils sont plus crédibles et plus instruits -ayant à vivre dans le quotidien avec les problèmes génétiques- que d'autres groupes de pression idéologiques qui n'ont jamais mis les pieds dans une clinique ou un laboratoire de génétique.

Ces intérêts, quels que soient leurs justifications, constituent des communautés d'action qui cherchent maintenant l'appui et le dialogue avec des regroupements plus larges et plus soi-disant « objectifs » que représentent les groupes de recherche, les instituts, réseaux multi- et interdisciplinaires où les sciences humaines et sociales échangent et créent de nouvelles informations avec les sciences biologiques, médicales et informatiques. Les projets de recherche communs, les colloques, les publications et analyses démontrent que le droit, la bioéthique, la sociologie, l'économie, la démographie, l'histoire peuvent bien discuter et se comprendre avec la génétique, la biologie, l'informatique et la médecine. Mais la participation des associations de malades à ces discussions et travaux communs est essentielle. De cette façon, des normes et des lignes directrices, ou même certains choix de principes, peuvent commencer à circuler et à subir l'évolution de la critique, de la discussion et du commentaire social.

Ces nouveaux lieux publics de discussion et d'éducation mutuelles représentent-ils des instruments spontanés de convergence ou de consensus quant à l'intégration sociale de la connaissance génétique ?

CONCLUSION : CONVERGENCE OU CONSENSUS ?

Les conséquences sociales de la connaissance génétique dépendront dans un premier temps de l'exploitation qui sera faite de cette connaissance en constante évolution. Le processus d'intégration des techniques génétiques dans les structures sociales existantes, notamment les services de santé et de prévention, agira comme un nouveau domaine de connaissance qui cherche à prendre place dans des organisations établies et qui se rapportent à un tout autre paradigme. Ce paradigme conservateur qui sous-tend toute l'organisation sanitaire est celui du citoyen moyen soumis aux conditions de sélection des environnements et des modes de vie. Le bénéficiaire a accès au services de santé lorsqu'il est malade et a besoin de « réparation ». La prévention, autres que l'ingénierie sanitaire, est axée sur les modes de vie et la surveillance environnementale. Le paradigme génétique, en contrepartie, est celui de l'unicité de la personne. Il n'y a pas de citoyen moyen sauf statistiquement dans des regroupements de population. La maladie est considérée comme une mésadaptation aux environnements, en grande partie conséquente aux qualités personnelles des facteurs biologiques de risques qu'il porte dans son bagage génétique, sans pour autant évacuer la résultante de ses interactions avec les environnements et les modes de vie. Il a besoin de ré-adaptation pour retrouver son état de santé maximal qui n'appartient qu'à lui-même.

Le système actuel est très rigide lorsque vient le temps de reconnaître les risques individuels avant l'apparition de la maladie. Le processus de convergence et de reconnaissance des facteurs personnels avec les facteurs environnementaux et sociaux de la maladie sera difficile, mais elle est obligatoire si on veut préserver l'accessibilité aux services médicaux dans le respect des droits de la personne. C'est probablement d'ailleurs la reconnaissance et la défense de ces droits fondamentaux qui entraînera le système de santé vers une nouvelle organisation équilibrée aux besoins de la population, beaucoup plus définitivement et rapidement que les arguments de progrès scientifiques et du savoir médical.

Les bévues, ratées et mé-appréhension de la connaissance génétique n'auront alors été qu'une phase de transition entre le développement de nouvelles techniques et l'intégration de la génétique dans la culture générale par l'éducation et la participation. Cet équilibre, bien qu'encore chaotique, se fera autour de l'attracteur que constitue les droits de la personne vus dans une nouvelle optique, selon un système d'observation où la personne humaine est au centre du nouveau système. L'argument est simple et puissant à la fois. La génétique confirme et affirme l'unicité de la personne et donc valide les droits fondamentaux qu'on lui accorde, et, les droits fondamentaux reconnus aux personnes exigent que les connaissances de risques personnels de santé soient accessibles si le citoyen doit user de son libre-arbitre dans les décisions qui le concerne lui-même, sa famille et sa société.

Mais qu'en est-il au point de vue des structures qui devront sous-tendre ce nouveau système ? Doivent-ils être aussi convergents, unitaires, rigides ? Doit-on obtenir un consensus obligatoire avant de procéder à la réorganisation ?

La connaissance génétique elle-même par sa multiplicité, sa diversité, son application unique et individuelle, sa transmission généalogique indique plutôt que le système devra être complexe, en réseau d'interaction, régionalisé, fragmenté selon les besoins de réponses et d'actions. Il n'y a pas nécessairement de consensus envisageable sans mettre en péril les effets mêmes du système auprès et très près des individus. Ici encore, les droits fondamentaux sont l'exigence de la décentralisation du système et de sa répartition en sous-système selon le genre de problèmes que la génétique posera. Ces problèmes seront d'ordre informationnel, préventif, procréatif, thérapeutique, épidémiologique et social selon les catégories d'utilisation et d'appréhension des connaissances de la génétique humaine.

Dans un système maintenant extrêmement complexe, le législateur devra être très prudent avant de légiférer dans le domaine de la génétique pour l'ensemble d'une société de plus en plus diversifiée quant à ses besoins. Cependant, parallèlement à la législation qui introduit une rigidité dans un système complexe ouvert, les réglementations, les accréditations, les évaluations de contrôle de qualité et de compétence, etc. sont des canaux privilégiés de la transmission de l'information et peuvent rendre le système plus cohésif et plus efficace en limitant les actions et les rétroactions à une certain nombre de choix qui constitueront un nouveau contrat social de santé.

En résumé, dans la complexité d'introduire un nouveau paradigme dans un système déjà établi et de plus en plus rigide en conséquence des restrictions de ressources, le changement et la réorganisation est très difficile (et peut-être impossible sans que le système n'éclate). Mais la théorie de la complexité nous démontre que lorsque le changement a pris racine, qu'il affecte des constituantes du système existant, qu'il implique plusieurs niveaux d'action de ce système, les changements peuvent être très rapides, chaotiques et désordonnés. Cet état de transition vers un nouvel attracteur qui ramènera la réorganisation de parties de l'ancien système avec l'intégration de nouvelles structures émergentes du nouveau paradigme peut être brutal si il est laissé au hasard de la dynamique des systèmes, surtout lorsqu'il s'agit de système sociaux affectant des personnes qui devraient être en mesure de prévenir ces réorganisations aléatoires, ou encore soumises au corporatisme qui y aura vu une occasion de pouvoir.

La transition de phase vers un nouveau système peut cependant être préparée et l'équilibre autour de valeurs sociales peut se faire si les droits de la personne et ses devoirs civiques constituent l'attracteur du changement. La connaissance génétique aura alors contribué d'une façon primordiale à la redécouverte de droits de la personne, et ce à un niveau encore insoupçonné. Si la génétique affirme l'équivalence des différences individuelles, l'organisation sociale doit en tenir compte pour créer un environnement d'égalité des chances pour compenser la diversité qualitative de la biologie. Ici encore, le moteur de cette organisation sociale ne peut être que le respect des droits fondamentaux de la personne mais incorporés dans une philosophie sociale qui reconnaît les principes de réciprocité, mutualité et solidarité, lesquels ont aussi un fondement biologique issu de la connaissance génétique.

L'information médicale et les droits de la personne

Diane L. Demers[1]

Discuter d'information médicale et des droits de la personne, c'est d'abord reconnaître que cette information dépasse aujourd'hui, largement, la consultation ponctuelle d'une personne en cabinet privé, pour ensuite poser le problème d'identifier la teneur et la portée de cette information dans la réalité contemporaine. Les innovations technologiques des dernières années ont conduit non seulement au développement de systèmes de saisie et de stockage de l'information, dont les limites nous semblent repousser à chaque jour, mais elles ont permis le traitement de cette information en regard d'objectifs de plus en plus diversifiés et l'accès quasi-instantané à des données autrefois difficilement accessibles, si ce n'était par l'entremise du médecin qui en assurait la confidentialité.

Le rôle des intervenants, médecins, professionnels de la santé ou soutien social, s'est métamorphosé au cours des deux dernières décennies pour constituer l'élément central d'une pratique, de moins en moins médicale et de plus en plus pluridisciplinaire, où chacun compose avec les autres pour répondre aux besoins des personnes, usagers des services de santé, justifiant de ce fait un partage d'information, parfois bien au-delà de la seule intervention de chacun. Cette mutation de la pratique s'inscrit dans la transformation du régime de santé et répond à des objectifs étatiques qui justifient, par ailleurs, un accès de plus en plus étendu pour des raisons administratives à des données personnelles particulièrement sensibles. C'est par l'ampleur des coûts du

1. Diane L. Demers est professeure au Département des sciences juridiques de l'Université du Québec à Montréal.

régime de santé que le législateur justifie ce contrôle public et cette incursion dans la sphère hautement privée que constituent les informations de santé.

Consciente de l'ampleur du sujet abordé ici, nous devrons limiter nos propos à situer le débat. Nous présenterons quelques caractéristiques contemporaines de l'information de santé pour ensuite esquisser le portrait des instruments de gestion de l'information. Nous rappellerons sommairement les droits fondamentaux qui sous-tendent l'obligation de protection de cette information et terminerons cette présentation en discutant des deux régimes légaux de protection de l'information, soit le secret professionnel et la confidentialité.

I.   L'INFORMATION MÉDICALE À L'HEURE DES CHANGEMENTS DE PRATIQUES ET DE GESTION

Avant même de discuter de la question de la protection de l'information médicale, il importe d'examiner l'objet de cette protection et plus particulièrement d'en saisir les mutations face à l'intervention de plus en plus multidisciplinaire en regard des outils de gestion et des objectifs contemporains de cette gestion.

1.   Une information contemporaine multidisciplinaire

Essentiellement la discussion d'aujourd'hui porte sur l'information de santé, mais pour en saisir la nature et les caractéristiques actuelles à l'égard de la protection, il nous faut rappeler ici que c'est d'abord à travers son contenant, c'est-à-dire le dossier médical issu du cabinet privé du médecin, que sont apparus les premiers questionnements et les règles qui en découlent relatives à cette protection, soit celles du secret professionnel.

La réalité contemporaine nous conduit cependant à reconnaître que ce dossier, aujourd'hui, prend toute sa place dans ce que l'on peut qualifier d'établissement de santé, qu'il s'agisse de clinique médicale, d'un centre communautaire ou d'un centre hospitalier universitaire ; il a évolué au rythme de la diversification des spécialités des intervenants, tant médecins que professionnels de la santé. Il apparaît indéniable que ce que l'on qualifie d'information médicale serait plus justement qualifié d'information de santé au même titre que le dossier qui les contient. On y retrouve des informations scientifiques (résultats de tests ou d'examens spécialisés de toute sorte), des informations médicales (diagnostic, prescription, protocole chirurgical, etc.), des évaluations physiques (physiothérapie, ergothérapie, neurologie, etc), psychologiques (neuropsychologique, psychiatrique, etc) et même sociales (individuelle ou familiale) tout autant que des plans d'intervention, de soins ou de services.

Toutes ces informations, par leur consignation au dossier de santé, par des professionnels de la santé, sont globalement qualifiées d'information médicale.

Dans une analyse de la responsabilité civile médicale, des auteurs[2] ont identifié que la tenue précise, fidèle et complète d'un tel dossier origine de la nécessité première d'avoir un outil de consultation rapide pour connaître l'évolution de l'état de santé d'une personne, l'usager, et pour en assurer le suivi thérapeutique. Ainsi l'information, sa saisie, son traitement et son accès, sont au cœur de la pratique non seulement médicale mais pluri et multidisciplinaire qui est le fait quotidien de la médecine moderne. Il s'agit véritablement d'un fait marquant de la pratique médicale contemporaine : le médecin, même celui qui rencontre un usager en cabinet privé, agit de concert avec une diversité de professionnels pour évaluer, diagnostiquer, élaborer un traitement ou tout simplement traiter celui-ci.

L'information n'est donc plus le simple fait du médecin et de son client, d'échanges confidentiels entre eux ou du résultat de l'examen de ce dernier ; elle constitue le produit de l'intervention de nombreuses personnes et elle est nécessaire à toutes pour assurer des résultats ou des soins compétents et attentifs. Il s'agit donc d'un ensemble de données, de provenance multiple, rassemblées par le sujet qu'elles concernent, l'usager, et regroupées selon les objectifs des intervenants.

Il importe également de savoir qu'au-delà des intervenants en santé, il y a tout le réseau des administrateurs du régime de santé qui sont, pour des fins administratives, intéressés par ces données. Ils y accèderont pour des fins de contrôle et de surveillance des intérêts de l'État en vertu d'une multitude de lois ou de règlements qui encadrent ces fonctions[3]. De plus, il faut mentionner que la *Loi sur les services de santé et services sociaux*[4] de même que la *Loi sur l'accès aux documents des organismes publics et sur la protection des*

---

2. Bernardot A. et R.P. Kouri, *La responsabilité civile médicale*, Sherbrooke, Les éditions Revue de Droit. de l'Université de Sherbrooke, 1980, p. 306-309.

3. Pour n'en citer que quelques-uns : *Loi sur l'assurance maladie*, L.R.Q. c. A-29 ; *Loi sur l'Assurance-hospitalisation*, L.R.Q. c. A-28 ; *Loi sur la Régie de l'assurance-maladie du Québec*, L.R.Q. c. R-5 ; *Accord entre le Gouvernement du Québec et le Gouvernement du Canada sur l'échange de certains renseignements nominatifs*, décret 870-92 (1992) 124 G.O. II, 4155. ; *Autorisation à la Régie de l'assurance-maladie du Québec de transmettre des renseignements nominatifs au ministère de la Santé et des Services sociaux*, décret 554-90, (1990) 122 G.O. II, 1710 ; *Autorisation à la Régie de l'assurance-maladie du Québec de transmettre des renseignements nominatifs au ministère de la Santé et des Services sociaux et au Bureau de la statistique du Québec*, décret 1133-91 (1991) 123 G.O. II, 4992 ; *Entente entre le Gouvernement du Québec et The North West Territories Cancer Registry sur l'accès et l'utilisation de renseignements nominatifs*, décret 993-87, (1987) 119 G.O. II, 3989.

4. *Loi sur les services de santé et services sociaux*, L.R.Q. c. S-4.2.

renseignements personnels[5] autorisent des professionnels de recherche à accéder aux données de santé à des fins de recherche.

En somme, on peut dire que l'information médicale ou de santé est composée de données qui circulent, que l'on saisit, que l'on traite et que l'on diffuse. Par ailleurs, on peut les qualifier d'information dès lors que ces données sont rattachées à une personne, l'usager, et qu'il est possible de connaître par ce moyen quelques condition, particularité, attribut, caractéristique, anomalie, trait, ou marque distinctive de cette personne, bref cette information devient informative et susceptible d'interagir avec les droits fondamentaux de la personne concernée.

2. La gestion informatisée de l'information

D'autre part, il faut noter que non seulement le secteur de la santé a évolué vers une intervention pluridisciplinaire ou multidisciplinaire au cœur de laquelle se retrouve l'information, mais, pour satisfaire à ces pratiques nouvelles, de nouveaux outils de gestion de l'information de santé ont été développés et intégrés.

D'abord instaurés sous l'effet d'une poussée considérable des gestionnaires et administrateurs -pour qui la surveillance et le contrôle des services passent par le traitement cumulatif et analytique de données qui sont regroupées par caractéristiques de services et de soins en fonction des profils de besoins- les systèmes informatiques sont devenus des réseaux de communication au service des intervenants. C'est dans un processus accéléré, et parfois hors contrôle, que s'est installée la gestion informatisée du dossier de l'usager[6].

Au fur et à mesure de l'implantation des systèmes informatiques, quelques problèmes de protection de l'information sont apparus, principalement reliés à la saisie de l'information et à l'accès. On peut rappeler, à cet égard, les interventions de la Commission d'accès à l'information relativement à la localisation des écrans afin de préserver la confidentialité des entrées ou des données, face à la libre circulation des personnes dans un établissement de santé

---

5. *Loi sur l'accès aux documents des organismes publics et sur la protection des renseignements personnels*, L.R.Q., c. A-2.1.

6. Banville C. et H. Nguyen, *Les systèmes d'information dans le domaine de la santé et des services sociaux : inventaire et bilan critique. Rapport préliminaire* 30 octobre 1986, Commission d'Enquête sur les Services de Santé et les Services sociaux, Québec ; Bélanger P.C. et C. Labranche, *L'informatisation au Québec : état de la question des impacts sociaux, économiques, culturels et juridiques*, Montréal, D.G. des technologies de l'information, Ministère des communications du Québec, 1989 ; Boileau M., Boisvert M., Crevier S. *et al.*, *Système Informatisé de Données cliniques Intégrées*, Montréal, Sidoci, 1989 ; Bouchard C., « L'accessibilité, la sécurité et la confidentialité du dossier du bénéficiaire d'aujourd'hui et de demain » in *Les ressources informationnelles comme outils au service des bénéficiaires*, Colloque sur les systèmes d'information, Montréal, AHQ, 8-9 nov. 1990.

ou encore ses recommandations quant à la mise en attente d'un écran non utilisé. Bien sûr il ne s'agissait là que des premiers balbutiements relatifs aux problèmes de l'informatisation. Beaucoup plus préoccupants, et toujours d'actualité, sont les problèmes découlant de l'accès aux informations, compte tenu des systèmes de diffusion instantanée reliés en réseau, et du très large bassin de circulation de l'information de santé.

Rappelons que lorsqu'on aborde l'information médicale, on a généralement tendance à réfléchir en termes de consultation ne portant que sur une intervention ponctuelle, c'est-à-dire celle qui fait l'objet de la consultation du moment. Or, depuis l'avènement du dossier informatisé, que le processus en cause soit la carte à puce ou le dossier de l'établissement, la totalité de l'information de santé concernant l'usager, consignée depuis l'ouverture de son dossier, est accessible en un instant au moyen d'une recherche bien menée ; cette situation est radicalement distincte de ce qui existait préalablement, dans la mesure où malgré la disponibilité du document sur support papier, il était réalistement impossible voire même rébarbatif de consulter un dossier le moindrement volumineux, l'intervenant se contentant plus souvent qu'autrement de ne parcourir que les parties pertinentes à son intervention.

Plus important encore, est le fait que le dossier est maintenant ouvert à de nombreux intervenants dont les compétences professionnelles ou techniques couvrent des aspects forts différents les uns des autres et pour lesquels toute l'information n'est pas nécessairement requise. Des solutions informatiques ont été imaginées pour limiter l'accès aux seules informations pour lesquelles l'intervenant est autorisé, notamment en instaurant l'accès par paliers. Cependant, il n'en demeure pas moins qu'en pratique multidisciplinaire, l'information circule : parfois originant du système informatique lorsqu'elle est inscrite dans un champ largement accessible ; parfois alimentées par le système au moment d'une recherche thématique d'intervention qui fait apparaître d'autres éléments que ceux recherchés. Faut-il le rappeler, le système informatique n'est pas un système intelligent ou rationnel, sa force est d'afficher en un temps record la totalité des informations trouvées par association de chaînes de caractères avec l'interrogation de recherche. Il est ainsi possible de découvrir, sans les chercher, des informations nécessairement confidentielles qui ne sont pas toujours utiles ni pertinentes et encore moins nécessaires à l'intervention du moment. La situation existe parce qu'il est utile et nécessaire que chaque intervenant puisse obtenir l'information requise par son intervention, rapidement et sans faille et parce que le système permet de la saisir et de la rendre disponible à ces conditions.

Parallèlement à cette situation que l'on peut qualifier d'interne aux établissements, il s'est créé un réseau de communications externes utilisé tant par les intervenants dans des projets de soins ou de services[7] que par les organismes administratifs[8] ou ministériels[9] impliqués dans le contrôle des coûts et la surveillance des politiques de soins. La mise en place des systèmes informatiques est donc largement tributaire de ces objectifs dans lesquels les usagers ont peu à dire. Du simple fait qu'ils utilisent les services de santé, les informations les concernant intéressent toutes ces personnes qui, par leur fonction respective, auront accès, par l'entremise des multiples réseaux de communications inter-établissements, inter-organismes ou inter-ministériels, à la totalité de l'information les intéressant. Si, en date de ce jour, le réseau de communications est encore incomplet[10], il importe de noter qu'il a progressé de manière exponentielle au cours de la dernière décennie.

En terminant cette section, il apparaît important de mentionner que nous n'avons abordé ici que deux aspects de la problématique de la protection de l'information de santé ; ce sont véritablement les aspects qui nous apparaissent les plus porteurs de l'incontrôlabilité, par l'usager, de l'information le concernant. Cette vision de l'incontrôlable et surtout de l'incontournable est largement répandue tant chez les spécialistes des systèmes de communication que dans la population en général ; tous s'entendent pour dire qu'il devient de plus en plus difficile sinon impossible de protéger adéquatement une personne contre les atteintes à sa vie privée par la circulation d'information[11]. D'ailleurs nous n'avons parlé ici que des nombreuses personnes autorisées par la Loi à accéder aux informations, il importe de savoir que ce sera par les mêmes réseaux de communication que la transmission d'informations, autorisée par l'usager, passera ; mentionnons simplement l'accès à l'information par les compagnies d'assurance ou encore par les employeurs.

---

7.   On peut mentionner à titre d'exemples des projets qui ont connu des succès-échecs variables mais qui ont transporté hors des murs des établissements des informations provenant des dossiers hospitaliers. Ainsi dans le sud-ouest de Montréal, on a tenté d'implanter un réseau de surveillance de la médicalisation des personnes âgées du territoire en rendant disponible, tant aux établissements de santé qu'aux pharmacies du secteur, le dossier des personnes qui avaient consulté un médecin. Un autre projet (région Lanaudière) visait les personnes désinstitutionnalisées (santé mentale) qui pouvaient bénéficier de services de loisirs communautaires ; on rendait accessible les informations les concernant aux divers organismes communautaires qui pouvaient leur offrir les services.

8.   Voir à cet égard Comité ministériel sur la coordination des ententes, *Entente sur les échanges de renseignements personnels et ententes administratives - état de situation*, Québec, Miméo 1988.

9.   La *Loi sur les services de santé et services sociaux* prévoit à son article 433 tous les pouvoirs du ministre pour ce faire.

10.   Lauzon Y., *Enquête sur l'utilisation de l'échange électronique de données au Québec*, Québec, Ministère des Communications, Direction générale des technologies de l'information, 1990.

11.   Laperrière R., *L'informatique et les droits de la personne*, (1993) Cahiers de recherche sociologique n° 21, 53.

Ce qui est menacé par l'accès ou la circulation incontrôlé de cette information, c'est la vie personnelle de l'usager qui bénéficie normalement d'une protection à l'encontre de toute atteinte aux droits fondamentaux que constituent la protection de sa vie privée ou la sauvegarde de sa dignité, de son honneur et de sa réputation.

II. LES DROITS FONDAMENTAUX EN CAUSE

Notre analyse s'arrêtera aujourd'hui aux dispositions de la *Charte des droits et libertés de la personne*[12] qui énoncent ces droits en deux articles distincts, le premier traitant de la dignité, de l'honneur et de la réputation[13] et le deuxième de la vie privée[14]. Examinons ces droits pour en déterminer la portée et les limites face aux agressions dont nous venons de parler[15].

1. Le droit à la sauvegarde de sa dignité, de son honneur et de sa réputation

Cette disposition recoupe trois droits qui ont plutôt reçu à travers la jurisprudence une interprétation commune, compte tenu des difficultés de les distinguer dans la réalité quotidienne de la personne qui est sujet d'une atteinte, d'une agression[16]. C'est particulièrement le cas lorsque la nature de l'atteinte relève de l'utilisation d'informations à travers les questions de liberté d'expression, de liberté de la presse ou de diffamation[17]. On définit alors que « les concepts de dignité et d'honneur réfèrent à l'opinion sincère qu'on a de soi, en plus de l'opinion que les autres ont de soi à laquelle renvoie le concept de réputation »[18]. On parle encore de l'honneur qui englobe la dignité et l'intégrité morale d'une personne[19].

---

12. L.R.Q. c. C-12.

13. *Id.*, art. 4.

14. *Id.*, art. 5.

15. Notre présentation de cette section a été grandement facilitée par le travail de recherche de Me Claire Bernard, recherchiste auprès du Tribunal des droits de la personne, qui a fait un excellent travail d'analyse de ces dispositions dans le cadre du projet de jugement *C.D.P.Q. c. Villa Plaisance*, rendue le 12 décembre 1995, Juge Rivet, non-rapportée (115-53-000001-946).

16. Office de révision du Code civil, *Rapport sur les droits civils*, Montréal, Éditeur officiel, 1968, commentaire art. 4, p.19. Molinari, P.A. ET P. Trudel, « Le droit au respect de l'honneur, de la réputation et de la vie privée : Aspects généraux et applications » dans Barreau du Québec, formation permanente, *Applications des Chartes des droits et libertés en matière civile*, Cowansville, Édition Yvon Blais, 1988.

17. Vallières N., *La presse et la diffamation*, Montréal, Wilson & Lafleur, 1985 ; Brun H. *Liberté d'expression et de presse : droits à la dignité, l'honneur, la réputation et la vie privée*, (1992) 23 R.G.D. 449.

18. Brun H., *loc.cit.*, note 17, p. 453.

19. Vallières N., *loc.cit.*, note 17, p. 6.

Cependant chacun de ces concepts peut recevoir une interprétation distincte et être invoqué lors d'une atteinte au droit, par l'utilisation d'une information personnelle de la nature d'une information médicale. Ainsi la dignité est un concept dont la valeur est intrinsèque à l'être humain, on parle alors de dignité humaine. Elle constitue le fondement[20], dans tous les textes affirmant les droits fondamentaux, depuis la *Déclaration universelle des droits de l'Homme*[21] jusqu'à la Charte québécoise[22], des autres droits qui y sont inscrits. Selon la jurisprudence des dernières années, il y a atteinte à la dignité lorsqu'il résulte des gestes posés, une humiliation[23], du mépris[24], un manque de respect[25] ou encore lorsque la victime est empêchée de jouir véritablement de ses droits et libertés[26]. La diffusion ou la circulation malencontreuse d'une information médicale qui conduirait à l'exclusion ou à l'imposition d'un traitement différent de la personne concernée affecterait ainsi la jouissance de ses droits et libertés et porterait atteinte à sa dignité.

Par ailleurs les concepts d'honneur et de réputation apparaissent davantage apparentés, particulièrement face à une atteinte fondée sur la diffusion et la circulation d'informations. Le premier réfère à une notion que l'on peut qualifier de subjective dans la mesure où elle s'appuie sur le respect de soi, de son amour-propre, de son intégrité morale[27]. Le deuxième concept, comme nous le mentionnions plus haut, renvoie à l'opinion que les autres se font de nous ; cette opinion est généralement le reflet de ce que nous sommes en regard des normes communément admises ou respectées par la société[28]. La diffusion ou la circulation de l'information médicale peut atteindre tant l'honneur que la réputation dès lors que la personne concernée se voit attribuer, par cette information, un statut différent ou particulier qui entraîne un

---

20. Huppe L., *La dignité humaine comme fondement des droits et libertés garantis par la Charte*, (1988) 48 R.du B. 724.

21. *Déclaration universelle des droits de l'Homme*, A.G. Rés. 217 A (III), Doc. N.U. A/810 (1948).

22. Voir le Préambule, aux deuxième et troisième alinéas.

23. C'est le cas dans les causes portant sur du harcèlement : *Janzen c. Platy Enterprises* [1989] 1 R.C.S. 1252, 1284 ; *Commission des droits de la personne c. Habachi* [1992] R.J.Q. 1439 (T.D.P.Q.) ; *Commission des droits de la personne c. Lemay* [1995] R.J.Q. 1967 (T.D.P.Q.) ; *Commission des droits de la personne c. Latreille*, J.E. 94-545 (T.D.P.Q.).

24. *Commission des droits de la personne c. Coutu*, [1995] R.J.Q. 1601 (T.D.P.Q.).

25. *Id.*

26. *In re Goyette*, [1983] C.S. 429.

27. Vallières N., *loc.cit.*, note 17 ; Brun H., *loc.cit.*, note 17 ; Tremblay B. « Les examens médicaux reliés à l'emploi : limites imposées par la Charte des droits et libertés de la personne au droit de gérance des commissions scolaires » dans *Développement récents en droit scolaire (1994)*, Cowansville, Yvon Blais, 1994 129.

28. Voir à ce sujet les propos du juge Fish dans la décision : *Syndicat national des employés de l'Hôpital St-Ferdinand (C.S.N.) c. Québec (Curateur public)*, [1994] R.J.Q. 2761 (C.A.), 2818.

jugement d'ostracisme ou enclenche une situation d'exclusion pouvant affecter l'exercice de ses droits et libertés ; qu'on pense par exemple, à la situation des personnes porteuses du VIH qui se voient régulièrement exclues d'activités courantes auxquelles les autres membres de la société ont accès.

En somme qu'il s'agisse de dignité, d'honneur ou de réputation, il apparaît clair que la circulation ou la diffusion d'une information aussi personnelle que l'information médicale, par des personnes qui n'y sont pas autorisées, ne peut qu'affecter l'intégrité de l'usager au sens de ces droits mais également au sens de l'arrêt *Morgentaler*[29], c'est-à-dire incluant le droit pour cette personne de faire des choix de nature personnelle, et de l'affaire *Rodriguez*[30] où on reconnaît le contrôle sur sa propre intégrité physique et mentale.

2. Le droit au respect de la vie privée

L'autre droit reconnu comme fondement à la protection de l'information médicale est inscrit à l'article 5 de la *Charte*, il s'agit du respect de la vie privée. En droit américain contemporain la notion de vie privée (*privacy*) recoupe les notions d'intégrité que nous mentionnions précédemment dans la mesure où il ne s'agit plus exclusivement du droit à la protection de son univers et de sa personne mais où « elle porte [également] sur l'autonomie qu'une personne est en droit d'assumer dans les choix concernant sa vie personnelle, celle de sa famille et ses rapports avec autrui[31] ». Ainsi et bien qu'en droit canadien et plus particulièrement en droit québécois, la notion de vie privée se distingue de la notion de « *privacy* », sa conjugaison avec les droits cités plus haut couvre des réalités similaires.

Rappelons qu'il est reconnu depuis longtemps au Canada que les sphères protégées par le concept du respect de la vie privée sont celles de l'espace entourant la personne, la sphère de la personne elle-même et celle de l'information la concernant[32]. Ces trois dimensions du concept, spatiale, individuelle et informationnelle, sont généralement analysées en fonction des deux perspectives que sont le droit à la solitude et son corollaire le droit à l'anonymat. Ce qui nous intéresse ici est particulièrement le droit de protéger la sphère informationnelle de

> *l'intrusion injustifiée qui a comme effet de porter un renseignement personnel à la connaissance de l'intrus ou tout simplement de gêner la victime. C'est la*

---

29. *R. c. Morgentaler*, [1988] 1 R.C.S. 30, 171-172.

30. *Rodriquez c. Colombie-Britannique (Procureur général)*, [1993] 3 R.C.S. 519, 588.

31. Laperrière R., *loc. cit.*, note 11, à la note de bas de page n° 2 où il explique la définition de « *privacy* » tiré du dictionnaire *Black's Law Dictionary, 5e éd., 1979, p.1075-1076*.

32. *R. c. Dyment*, [1988] 2 R.C.S., 417, 427-429. CANADA, Groupe d'étude sur l'ordinateur et la vie privée, *L'ordinateur et la vie privée*, Ottawa, Information Canada, 1972.

solitude de l'individu qui semble atteinte par cette intrusion (...) il y a atteinte à la vie privée qui provient de la diffusion de renseignements (...) la prohibition de l'acte de diffusion protège l'anonymat de la personne, une situation qui est celle de na pas être identifiable[33].

La doctrine autant que la jurisprudence ont reconnu que la protection de la vie privée participe du droit de l'individu à ne subir aucune entrave à son intégrité mentale ou spirituelle[34]. Relativement à l'information médicale, il apparaît clairement que toute indiscrétion est susceptible d'affecter la vie intime de la personne mais également ses activités ou son statut dans la société. Il suffit de penser aux assureurs et aux établissements de crédit ou encore aux employeurs ou même aux institutions d'enseignement relativement aux porteurs du VIH. Les atteintes à la vie privée constituent des agressions d'intensité variable selon la nature de l'information divulguée, le type d'activités en cause, le lieu ou les moyens techniques utilisés. Quoi qu'il en soit « il est bien évident que sur le plan individuel, les diverses atteintes à la vie privée et à l'expectative légitime d'intimité (...) sont de nature à fragiliser les personnes et à leur causer des torts précis »[35].

Par ailleurs, la circulation ou la diffusion d'informations par les techniques modernes de traitement et de communication de l'information constitue une problématique particulière dans la mesure où régulièrement la personne concernée n'a pas connaissance de cette diffusion. Elle se fait selon des finalités qu'on associe généralement aux objectifs administratifs de saine gestion des services à la personne ou encore d'interventions relatives à son bien-être. La règle qui prévaut dans le premier cas est l'autorisation législative ou réglementaire alors que généralement la deuxième situation relève d'autorisation expresse ou implicite de la personne. Chose certaine, la circulation non autorisée d'informations viole le droit au respect de la vie privée ; mais qu'en est-il de la circulation où l'autorisation est accordée sans que la personne sache ou comprenne l'ampleur ou l'étendue de cette circulation ? quelles sont les limites de cette autorisation ? quelle en est la portée ? qui doit en assurer le respect ?

---

33.   Glenn P., *Le droit au respect de la vie privée*, (1979) 39 *R. du B.* 879, 881.

34.   Glenn P., *loc. cit.*, note 33, p.884 ; Baudoin J.L., *La responsabilité civile délictuelle*, Cowansville, Éditions Yvon Blais, 1985, p. 150. ; Molinari P.A., *Le droit de la personne à son image en droit québécois et français*, (1977) 12 *R.J.T.* 95 ; *Cooperberg c. Buckman*, [1958] C.S. 427 ; *McIlwaine c. Equity Accounts Buyers Ltd.* [1974] R.L.n.s. 115 ; *Auger c. Equity Accounts Buyers Ltd* [1976] C.S. 279 ; *Rebeiro c. Shawinigan Chemicals (1969) Ltd.* [1973] C.S. 389 ; *Genest c. Société de courtage immobilier du Trust Général Inc.*, J.E. 84-992 (C.S.).

35.   Laperrière R., *loc.cit.*, note 11, p. 58.

Retenons, en terminant cette partie, que le droit au respect de la vie privée repose sur « la faculté pour une personne de soustraire à la connaissance d'autrui une partie des informations qui la caractérisent et la distinguent »[36].

III. LA PROTECTION DES DROITS FONDAMENTAUX EN REGARD DE L'INFORMATION MÉDICALE

Nous aborderons, dans cette dernière section, les moyens que le législateur a privilégiés pour assurer que les droits fondamentaux invoqués plus haut soient protégés en regard de la diffusion de l'information médicale. Ce sont essentiellement le droit au secret professionnel et l'obligation de confidentialité. Mentionnons que le premier a été élevé au statut de droit fondamental de la personne[37] alors que le deuxième est clairement imposé à tout intervenant qui, par son travail, ou ses activités dans le secteur de la santé, a connaissance d'informations propres à un usager[38].

1. Le secret professionnel

Avant d'être un droit fondamental de la personne concernée, le secret professionnel s'impose aux intervenants qualifiés de professionnels en vertu du *Code des professions*[39]. Que ce soit en vertu de cette loi ou des lois propres aux diverses professions[40], l'adoption d'un code de déontologie, comprenant notamment l'obligation de préserver le secret professionnel, est obligatoire[41].

Même s'il vise spécifiquement la diffusion d'informations, il ne s'agit pas d'une règle exclusive aux informations de santé. Le secret professionnel est au cœur de toutes les relations client-professionnels qu'il s'agisse d'un avocat, d'un notaire, d'un ingénieur ou d'un arpenteur. Il faut cependant noter que la moitié des professions régies par le Code s'inscrivent dans le secteur de la santé sans pour autant qu'elles ne couvrent ni l'ensemble, ni la totalité des intervenants de ce secteur.

Le secret professionnel constitue un devoir qui résulte d'une relation contractuelle privilégiée entre le client et le professionnel. Il tient à la fois de la relation de confiance, élément fondamental de l'activité professionnelle, et

---

36. Molinari P. A., « Le droit de la personne sur son image : de la curiosité juridique à la théorie des droits fondamentaux » dans *Vues canadiennes et européennes des droits et libertés*, Cowansville, Éditions Yvon Blais, 1988, p.453.

37. *Charte des droits et libertés de la personne*, L.R.Q. c. C-12, art 9.

38. *Loi sur les services de santé et les services sociaux*, L.R.Q. c. S-4.2 art.19 ; *Loi sur l'accès aux documents des organismes publics et sur la protection des renseignements personnels*, L.R.Q. c. A-2.01, art 53., 88.

39. *Code des professions*, L.R.Q. c. C-26.

40. Mentionnons à titre d'exemple : la *Loi médicale*, L.R.Q c. M-9 art. 42 ; la *Loi sur les infirmières*, L.R.Q. c. I-8 art. 12.

de l'exercice consciencieux et attentif des fonctions professionnelles, mettant en cause l'une des sphères de la vie privée du client. L'objet de ce devoir est essentiellement l'information, celle que le client révèle et celle que le professionnel obtient par son intervention. La règle première de ce devoir est la protection assurée de cette information ; dans le domaine de la santé, des exceptions à cette règle ont été reconnues alors que d'autres sont toujours l'objet de réflexion ou de questionnements.

La plus importante de ces exceptions est l'autorisation, par l'autorité législative ou par le client, de divulguer l'information ; nous y reviendrons plus loin. Il existe, par ailleurs, des principes en vertu desquels la non-diffusion est régulièrement questionnée ; il s'agit de questionnements qui reposent sur la notion de risque, risque individuel, risque pour les tiers et risque social. Ainsi lorsque le professionnel détient une information qui peut résulter en une atteinte à la santé ou à la sécurité de son client, de sa famille ou encore affecter des personnes identifiables de manière grave alors qu'il serait possible d'éviter de telles conséquences, le Conseil des sciences du Canada suggère que le secret professionnel puisse être rompu selon des conditions précises[42]. Celles-ci reposent essentiellement sur le refus de consentir du client malgré les efforts raisonnables du professionnel d'obtenir ce consentement et sur les torts quasi-inévitables qui en découleront.

L'association médicale canadienne a, quant à elle, adoptée une politique ayant trait à la divulgation de la séropositivité d'un client aux proches parents de celui-ci[43]. Toutefois il n'y a pas de consensus dans le monde médical sur cette question. Tout au plus retrouvons-nous dans les textes réglementaires, visant le code de conduite et fondant les pouvoirs de sanctionner le comportement professionnel des médecins, une exception à l'effet qu'« une raison impérative et juste ayant trait à la santé [de l'entourage du patient][44] » ne saurait constituer de manquement au secret professionnel. Bref, il semble que le devoir de protection de l'information, en l'absence d'autorisation, soit la seule règle qui fasse consensus dans le monde médical.

D'ailleurs, l'inscription de ce principe dans la Charte québécoise[45] tend à confirmer que le législateur a spécifiquement voulu imposer un tel respect. L'article 9 érige en droit fondamental, inhérent à la personne concernée, le

41. À titre d'exemple : *Code de déontologie des médecins*, R.R.Q., 1981, c. M-9, r.4, art. 3.01-3.05.

42. Conseil des sciences du Canada, *La génétique et les services de santé au Canada*, Rapport 42, Ottawa, Ministère des Approvisionnements et services, 1991, p. 83.

43. Voir (1987) 137 *C.M.A.J.* 645 ; (1989) *C.M.A.J.* 64A et 64 C.

44. L.R.Q. c. M-9, r. 4, art. 3.04.

45. L.R.Q. c. C-12.

droit au respect du secret professionnel. Rappelons les deuxième et troisième alinéas de cet article :

> *Toute personne tenue par la loi au secret professionnel et tout prêtre ou autre ministre du culte ne peuvent, même en justice, divulguer les renseignements confidentiels qui leur ont été révélés en raison de leur état ou profession, à moins qu'ils n'y soient autorisés par celui qui leur a fait ces confidences ou par une disposition expresse de la loi.*
>
> *Le tribunal doit, d'office, assurer le respect du secret professionnel*[46].

Ce texte est formel ; il lie la divulgation, diffusion ou circulation de l'information [de santé] à l'autorisation de celui ou de celle (le client) qui a établi une relation spécifique avec un professionnel en raison des services qu'il dispense. C'est donc dans le cadre de cette relation contractuelle que s'inscrit le secret professionnel et il n'est absolu que dans la mesure des choix du client ou de l'intervention expresse du législateur. À la lumière d'une décision de la Cour suprême[47], il apparaît que le fait d'autoriser par un autre contrat, en l'espèce un contrat d'assurance-vie, la divulgation des informations de santé, comporte une renonciation au droit fondamental qui libère tout professionnel impliqué de son devoir de secret professionnel et emporte, en conséquence, la renonciation à la protection de la vie privée dans le cadre de ce contrat.

Cette vision, qui constitue l'état du droit sur la question pose, à notre avis, un problème sérieux face à la problématique des innovations technologiques contemporaines où la diffusion de l'information dépasse largement la surveillance possible de la personne concernée et où son absence de contrôle est flagrant. La lecture de la Cour suprême s'inscrit dans ce type de contrat d'adhésion, passablement fréquent, qui impose au contractant une disposition d'autorisation large, non limitative, qui a pour effet et conséquences, selon l'interprétation de la Cour suprême, de porter à la connaissance du co-contractant toute forme d'informations, pertinentes ou non, consignées, sur une plus ou moins longue période de temps, au dossier de santé. Sous réserve du nouveau *Code civil*[48,] qui prévoit des modalités d'interprétation des contrats d'adhésion en cas d'abus de droit, la position de la Cour suprême impose à celui qui recherche la conclusion de tels contrats de fixer lui-même les limites de l'accès à sa vie privée particulièrement dans la sphère informationnelle, courant bien sûr le risque, ce faisant, de se voir refuser le contrat.

Ce qui est clair, par ailleurs, c'est qu'une personne peut, et par conséquent, doit parfois, renoncer à son droit au secret professionnel pour bénéficier

---

46. L.R.Q. c. C-12, art. 9.

47. *Frenette c. La Métropolitaine (La), cie d'assurance-vie*, [1992] 1 R.C.S. 647

48. *Code civil du Québec*, L.Q. 1991 c.64, arts. 1379, 1432 et 1436.

d'avantages reliés à d'autres activités (assurance, crédit, etc.) ou encore pour accéder au domaine du travail. Le résultat concret de cette situation est de libérer les professionnels de leur devoir déontologique, mais sont-ils de ce fait exemptés de toutes responsabilités ? Nous ne le croyons pas. C'est par leur obligation de confidentialité, de nature statutaire, que nous croyons que la personne concernée peut davantage être protégée.

2. L'obligation de confidentialité

Cette obligation, reliée à l'exécution des tâches ou fonctions de l'ensemble des intervenants, employés ou bénévoles, professionnels ou non, qui œuvrent dans le secteur de la santé, est au cœur de leur intervention. Elle est maintenant inscrite non seulement dans la *Loi sur les services de santé et la Loi sur l'accès aux documents des organismes publics et sur la protection des renseignements personnels*[49], mais également dans le *Code civil du Québec*. Il s'agit d'une obligation qui s'impose au-delà de la personne elle-même et malgré qu'elle en soit totalement inconsciente. En effet cette obligation ne relève pas d'une entente entre elle et les intervenants, elle s'applique pour tous et en tout temps du seul fait qu'ils accomplissent ou exécutent une fonction dans le secteur de la santé ou secteur connexe, qu'il s'agisse d'établissements privés ou publics.

Ainsi, le législateur a développé l'obligation de confidentialité au même rythme, dirions-nous, qu'il a créé les exceptions relatives à la protection des informations personnelles. Nous mentionnions qu'en vertu de la *Charte*, il pouvait intervenir dans le droit au secret professionnel découlant de la relation entre le professionnel et son client par une disposition expresse, mais il en est de même face aux établissements et à leurs personnels ou intervenants dans le cadre des services aux usagers. Les exceptions sont nombreuses et répondent à des finalités tant de surveillance ou de contrôle rattachées à la saine gestion qu'aux besoins des divers intervenants auprès de l'usager.

L'obligation de confidentialité est une obligation inhérente à l'exercice d'un emploi ou de fonctions en vertu desquels une personne accède à des renseignements personnels de nature médicale, au sens large, concernant un usager. Cette obligation, qui n'est, par ailleurs, pas définie, a été régulièrement confondue avec le devoir de secret professionnel[50] ; elle repose essentiellement sur les mêmes droits fondamentaux des personnes concernées cependant qu'elle s'impose à tous les intervenants indépendamment de l'existence d'une rela-

---

49.   *Loi sur les services de santé* et la *Loi sur l'accès aux documents des organismes publics et sur la protection des renseignements personnels, op.cit.*, note 38.

50.   Voir à titre d'illustration l'arrêt Frenette, précité note 47, ou encore cette décision en Cour d'appel : *La Métropolitaine c. Frenette*, [1990] R.J.Q. 62.

tion directe ou immédiate avec la personne ou même quelque soit la nature de cette relation, le cas échéant.

C'est donc le respect des droits fondamentaux qui gouverne cette obligation et, sous réserve de l'intervention expresse du législateur, nulle personne ne peut l'enfreindre sans porter atteinte à ces droits. Il s'agit d'une obligation générale qui s'applique en tout temps et qui ne fait pas de distinction quant aux personnes susceptibles d'être intéressées par l'information ou le renseignement détenu. Cependant, on peut penser que cette obligation peut être nuancée dans la mesure où elle s'exerce entre personnes également visées par elle, c'est-à-dire les intervenants entre eux ; nous sommes d'avis que ce seront alors les principes éthiques qui encadreront leur discrétion, dans le respect des droits fondamentaux de l'usager.

Quoiqu'il en soit, il importe de retenir que cette obligation de confidentialité s'impose à chacun, dès lors qu'un renseignement personnel, une information médicale ou de santé est colligé, que chacun est responsable d'en assurer le respect intégral dans la totalité des gestes qu'il pose ou des paroles qu'il prononce. Le droit au respect de ses droits fondamentaux appartient à l'usager et lui seul peut en disposer.

CONCLUSION

Nous n'avons abordé dans cette présentation que quelques considérations contemporaines de la problématique de la protection de l'information médicale. Nous avons voulu montrer que les innovations technologiques par leur potentiel de saisie, de traitement, de diffusion et de communication spontanée créent une dynamique nouvelle concernant la protection de l'information. Dynamique qui s'inscrit, par ailleurs, dans une diversification de l'intervention en santé mettant en cause un nombre de plus en plus grand d'intervenants, professionnels ou non, et de milieux, institutionnels, communautaires ou privés. L'information circule, souvent hors la connaissance de la personne concernée et pas toujours dans le respect de ses droits fondamentaux.

Nous avons voulu rappeler, au bénéfice des intervenants ou des personnes légalement autorisées à accéder à l'information, quels sont ces droits fondamentaux en vertu desquels ils doivent agir et leur souligner que le respect de ces droits doit gouverner leur conduite. À cet égard, nous avons repris les règles élaborées et adoptées par le législateur aux fins d'imposer ce respect. Cette dernière section sur les devoirs et les obligations des intervenants aurait avantageusement été complétée par une discussion des moyens ou sanctions pouvant être exercés pour assurer le respect à la fois des droits des personnes concernées et des obligations de ceux et celles qui disposent de l'information, malheureusement le sujet était déjà considérable et le temps trop court pour ce faire.

Nous terminerons en disant simplement que la médecine s'inscrit également dans la modernité par une large production d'informations de toute nature, pour lesquelles le recours aux innovations technologiques se justifie. Cependant, il importe de ne jamais oublier que le sujet même de cette information est une personne détentrice de droits inhérents à la protection de sa dignité, son honneur, sa réputation et sa vie privée mais également de son intégrité tant mentale que physique.

« Exercer notre devoir d'influence politique »

Nicole De Sève[1]

Une synthèse de colloque c'est un peu comme une conclusion, une manière de tirer les lignes de fond qui se dégagent des communications et des débats qui ont eu cours tout au long de cette journée. D'entrée de jeu, il faut souligner la pertinence d'un tel débat car l'articulation des droits de la personne et les enjeux de la médecine moderne posent tout un défi. En filigrane, la question fondamentale des discussions d'aujourd'hui pourrait se résumer ainsi « comment mettre les progrès scientifiques et techniques de la médecine au service du progrès humain ? »

Ce qui me frappe au départ, c'est de constater la fragilité des valeurs sous-jacentes aux textes et aux rôles des organismes internationaux interpellés par les enjeux de la médecine moderne. Les « normes cardinales » sont l'objet de tractations au gré des conjonctures politiques et économiques.

À titre d'exemple, la présentation de M. Molinari nous rappelle que, chez nous, le droit à la santé n'est pas un droit fondamental, un droit constitutionnel, et qu'il est soumis à la « rationalisation » ou à l'équilibre budgétaire. Cette situation nous oblige, à mon avis, à recevoir l'appel lancé par M. Molinari en réponse aux questions posées en plénière à savoir : « l'introduction de variables juridiques en matière de droits dans les choix sociaux nous revoie à l'obligation de mesurer nos choix à la lumière de la justice et de la solidarité sociale ». En d'autres mots, dans un débat comme le droit à la santé, ce n'est pas tant l'appel aux tribunaux qu'il faut valoriser que la sauvegarde du principe de justice sociale afin de permettre aux juristes d'exercer leur devoir d'influence politique.

---

1. Conseillère à l'accès à l'égalité à la Centrale de l'enseignement du Québec.

L'autre toile de fond que je dégage de cet avant-midi, est que le respect des droits de la personne ne s'inscrit pas uniquement dans les Chartes et les Conventions internationales. Il se vit au quotidien et interpelle à la fois la personne qui veut exercer son droit à l'égard d'un traitement ou d'une mort dans la dignité et à la fois, les proches de la personne qui exerce son droit. C'est ce respect que revendiquent les personnes qui veulent exercer leur autodétermination quant aux traitements médicaux qui leur sont proposés même si la mort peut en résulter ou qui souhaitent le droit à l'aide à la mort. Ces deux situations stimulées par le contexte de l'évolution de la médecine moderne n'appellent pas seulement des réponses légales mais aussi philosophiques, éthiques, morales et médicales. Car au-delà de la volonté du législateur de respecter les droits des personnes quant aux soins à donner aux personnes qualifiées d'inaptes, ces soins diminuent selon la courbe des restrictions budgétaires comme si les droits fondamentaux devaient s'autofinancer.

L'après-midi m'a laissée songeuse. Qu'est-ce qu'une personne doit savoir pour se percevoir, se reconnaître elle-même comme une handicapée ? Comment se retrouver devant toutes ces définitions de handicap ? Comment un employeur peut-il, de bonne foi, s'y retrouver ? Non qu'il faille récuser ces définitions mais le risque est grand que cet exercice nécessaire d'éclaircissement des concepts finisse, encore une fois, par prendre le pas sur les questions d'éthique et de justice sociale.

Mon inquiétude a augmenté en écoutant attentivement Mme Knoppers. J'ai failli déraper. Qui sommes-nous ? Comment se protéger et protéger les nôtres ? Histoire d'horreur que celle de l'exploitation possible des connaissances génétiques pour exclure, caractériser, stigmatiser, bref discriminer.

Par chance, l'espoir réside dans le renforcement des valeurs, celles de responsabilité, de réciprocité et de solidarité entre les chercheurs, les familles et les décideurs. Car, des balises il y en a : le secret professionnel, l'obligation de confidentialité, l'élaboration de législations et de conventions futures venant renforcer ces balises.

Et la boucle est bouclée diront certaines ou certains. Les valeurs fondamentales reprennent leur droit d'aînesse. Pourtant, rien n'est plus fragile que la pérennité de ces valeurs. La compréhension et le respect des droits de la personne, dans le cadre des avancées de la médecine moderne, ne peuvent être une question traitée uniquement par des expertes et des experts juridiques ou médicaux. La complexité des questions soulevées pose tout le problème de l'information et de la formation car, « l'étincelle de la responsabilité » ne peut jaillir spontanément. Elle doit être stimulée par l'éducation.

Au fil des ans, des efforts intéressants ont été consentis en milieu scolaire pour favoriser l'éducation aux droits chez les jeunes. Ces efforts sont aujourd'hui menacés par la rationalité économique qui transforme l'effort éducatif en effort comptable.

Si les coupures en santé et dans les services sociaux menacent le droit à la santé, celles en éducation menacent le droit à une citoyenneté responsable, respectueuse des droits et capable de se mobiliser pour ces droits.

C'est pourquoi, il faut conjuguer nos efforts et « exercer notre devoir d'influence politique » pour que les compromis politiques et sociaux qui se dessinent dans la société québécoise n'aient pas pour effet de remettre en cause l'exercice des droits à la santé et à l'éducation, droits qui, s'ils ne sont pas constitutionnels, n'en demeurent pas moins fondamentaux, c'est-à-dire, essentiels et déterminants.

- Cap-Saint-Ignace
- Sainte-Marie (Beauce)
  Québec, Canada
  1996

«L'IMPRIMEUR»